I EDIZIONE: APRILE 2017
MY LIFE SRL, CORIANO (RN)
FINITO DI STAMPARE NELL'APRILE 2017, PRESSO LINEAGRAFICA, CITTÀ DI CASTELLO (PG)

FSC
MISTO
Carta
FSC® C113203

MAX VELLUCCI - FABIO LEONARDI

ITALIAN STYLE

sketchmaze

MyLife

INDICE

CULTURA E COSTUME

PERSONAGGI FAMOSI

INTRODUZIONE

CIAO SONO MR. SKETCHMAZE E VI ACCOMPAGNERÒ IN UN VIAGGIO NELLA STORIA E NELLA CULTURA DI UN PAESE STRAORDINARIO COME L'ITALIA.

L'ITALIA È UNA REPUBBLICA PARLAMENTARE SITUATA NELLA PARTE MERIDIONALE DELL'EUROPA.

HA PIÙ DI 60 MILIONI DI ABITANTI.

LA SUA CAPITALE È LA BELLISSIMA CITTÀ DI ROMA.

LA BANDIERA È VERDE, BIANCA E ROSSA. L'INNO NAZIONALE È STATO SCRITTO DA GOFFREDO MAMELI NEL 1847.

IN ITALIA È POSSIBILE TROVARE DI TUTTO, SIA DAL PUNTO DI VISTA CULTURALE CHE NATURALISTICO:

DALLE MONTAGNE DELLE ALPI E DAI BOSCHI STERMINATI DELL'APPENNINO,

AI MARI E ALLE SPIAGGE INCONTAMINATE.

OGNI CITTÀ È PIENA DI MONUMENTI, MUSEI, TEATRI E TRADIZIONI.

IL CIBO E LO STILE DI VITA DEGLI ITALIANI SONO APPREZZATI IN TUTTO IL MONDO.

ANDIAMO A CONOSCERE PIÙ DA VICINO QUESTO MERAVIGLIOSO PAESE...

L'ITALIA IN EUROPA

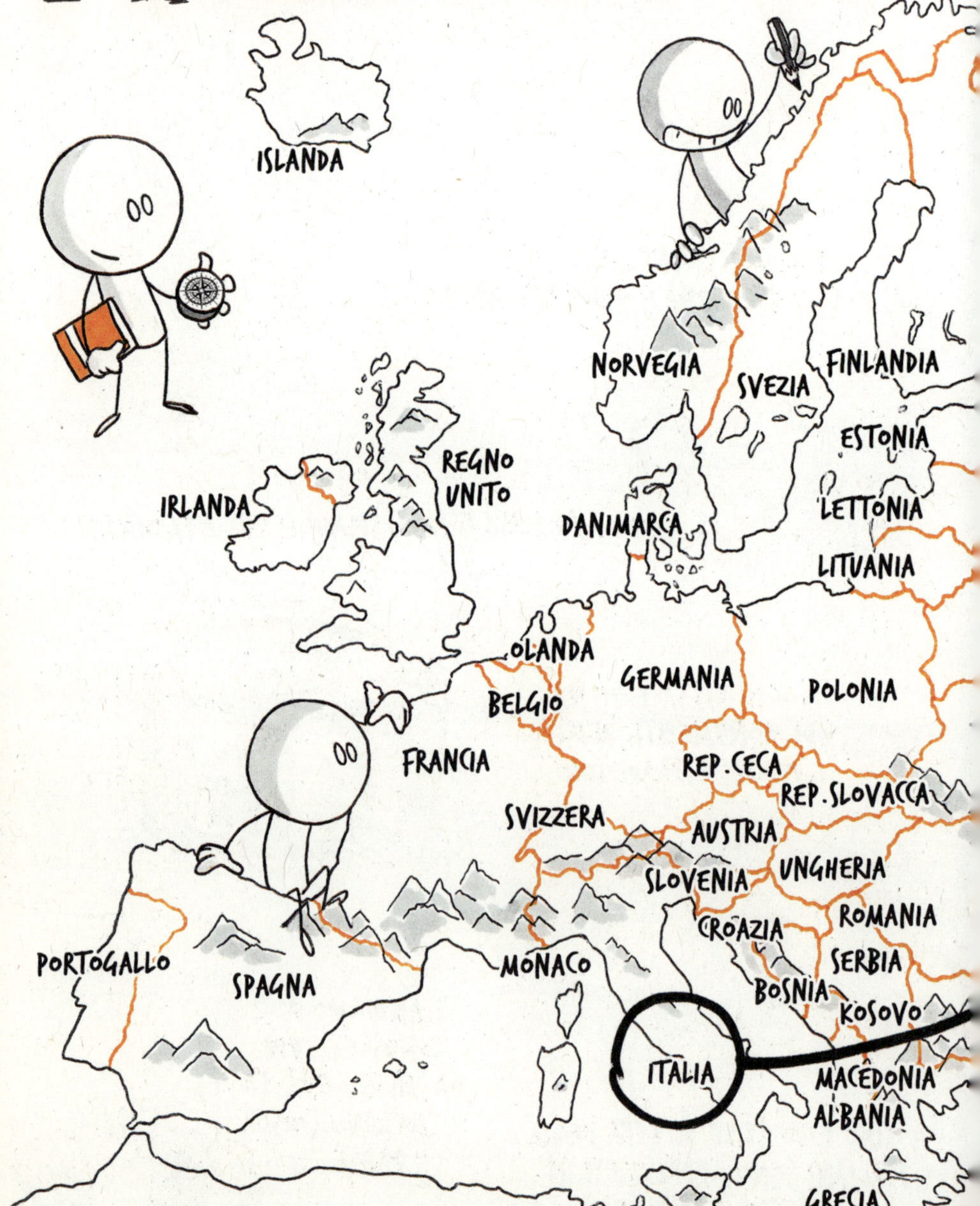

TRENTINO ALTO ADIGE
FRIULI VENEZIA GIULIA
VAL D'AOSTA
LOMBARDIA
VENETO
PIEMONTE
EMILIA ROMAGNA
LIGURIA
TOSCANA
MARCHE
UMBRIA
RUSSIA
ABRUZZO
LAZIO
MOLISE
PUGLIA
SARDEGNA
CAMPANIA
BASILICATA
CALABRIA
SICILIA
GEORGIA
AZERBAIGIAN
BULGARIA
ARMENIA
TURCHIA

MONUMENTI

FARO DELLA VITTORIA (TRIESTE)
AOSTA
TRENTO
MILANO
TRIESTE
TORINO
VENEZIA
GENOVA
BOLOGNA
FIRENZE
ANCONA
PERUGIA
L'AQUILA
ROMA
CAMPOBASSO
BARI
NAPOLI
POTENZA
CAGLIARI
CATANZARO
PALERMO
NURAGHE (SARDEGNA)
TORRE DI PISA (TOSCANA)
COLOSSEO (ROMA)
VALLE DEI TEMPLI (SICILIA)

DUOMO (MILANO)
PONTE DI RIALTO (VENEZIA)
MOLE ANTONELLIANA (TORINO)
SANTA MARIA DEL FIORE (FIRENZE)
TORRI (BOLOGNA)
MASCHIO ANGIOINO (NAPOLI)
TRULLI (PUGLIA)
BRONZI DI RIACE (CALABRIA)

Cibo e Cucina

I PASTI DELLA GIORNATA

MANGIARE È UN MOMENTO SACRO NELLA GIORNATA DI UN ITALIANO E OGNI PASTO HA UNA SUA FASCIA ORARIA BEN PRECISA.

7:00/10:00
COLAZIONE

12:30/14:00
PRANZO

16:00/17:00
MERENDA

18:00/20:00
APERITIVO

20:00/22:00
CENA

LA COLAZIONE

LA SVEGLIA PER UN ITALIANO È COSÌ TRAUMATICA CHE PER RIPRENDERSI È NECESSARIO QUALCOSA DI MOLTO ENERGETICO.

LA COLAZIONE PUÒ ESSERE FATTA SIA A CASA CHE AL BAR.

IN ENTRAMBI I CASI, IN ITALIA LA GIORNATA NON INIZIA SE NON DOPO UN BAGNO IN UN BUON CAFFÈ.

ANCHE IL LATTE È UN ALIMENTO FONDAMENTALE NELLA PRIMA COLAZIONE.

L'UNIONE TRA IL CAFFÈ E IL LATTE CREA DIVERSE COMBINAZIONI DI BEVANDE:

I CAMERIERI ITALIANI SONO TRA I MIGLIORI DEL MONDO E RIESCONO A GESTIRE AGEVOLMENTE ANCHE LE RICHIESTE PIÙ COMPLESSE.

ALLE BEVANDE VENGONO SPESSO ABBINATI DEI DOLCI TIPICI PER LA COLAZIONE:

IL CORNETTO È IL PRINCIPE DI TUTTI I DOLCI DEL MATTINO.

PUÒ ESSERE SEMPLICE O FARCITO:

OLTRE AL CORNETTO, È POSSIBILE SCEGLIERE ALTRI TIPI DI DOLCI:

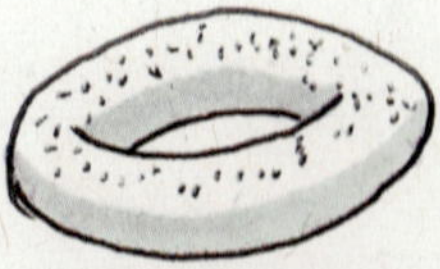

CIAMBELLA

SACCOTTINO

BOMBA CON
CREMA O CIOCCOLATO

DANESE

TRECCIA

SFOGLIATELLA

A CASA O AL BAR POTRETE INTINGERE IL CORNETTO NELLA VOSTRA BEVANDA SENZA ALCUN PROBLEMA.

LA COLAZIONE FATTA A CASA PREVEDE INVECE L'UTILIZZO DI ALTRI PRODOTTI:

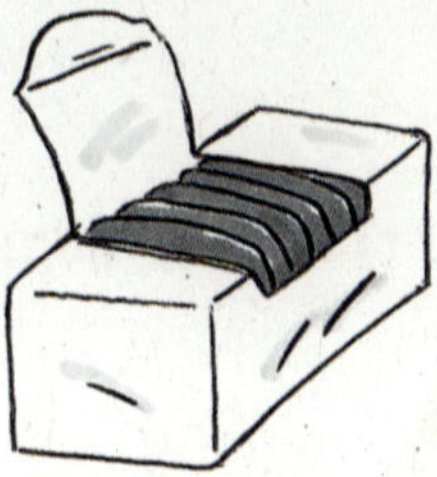

FETTE BISCOTTATE, BURRO
E MARMELLATA

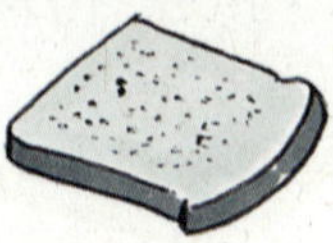

SPREMUTE
E SUCCHI

LATTE E BISCOTTI

PRANZO E CENA

PRANZO E CENA HANNO SPESSO UN MENÙ SIMILE DIVISO IN ANTIPASTO, PRIMO, SECONDO, CONTORNO E DOLCE, ANCHE SE NON SEMPRE SONO PRESENTI TUTTE LE PORTATE.

ANTIPASTO

OLIVE ASCOLANE

FORMAGGI

SALUMI

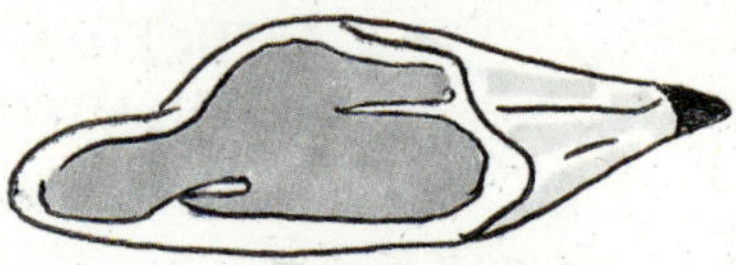

PROSCIUTTO

POMODORINI PACHINO E MOZZARELLA

PRIMO

ESISTONO TANTISSIME VARIETÀ DI PRIMI PIATTI, TIPICI DI OGNI REGIONE:

GNOCCHI

LASAGNA

PASTA

RISO

SECONDO

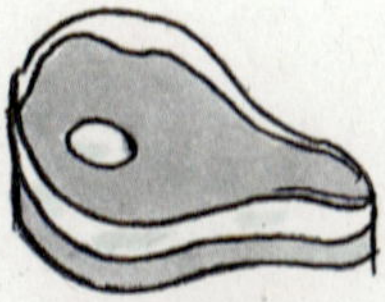
CARNE

PESCE

UOVA

VERDURE

LENTICCHIE

FAGIOLI

LEGUMI

MOZZARELLA

CONTORNO

IL CONTORNO È UN PIATTO CHE ACCOMPAGNA IL SECONDO:

PATATE FRITTE O AL FORNO

INSALATA

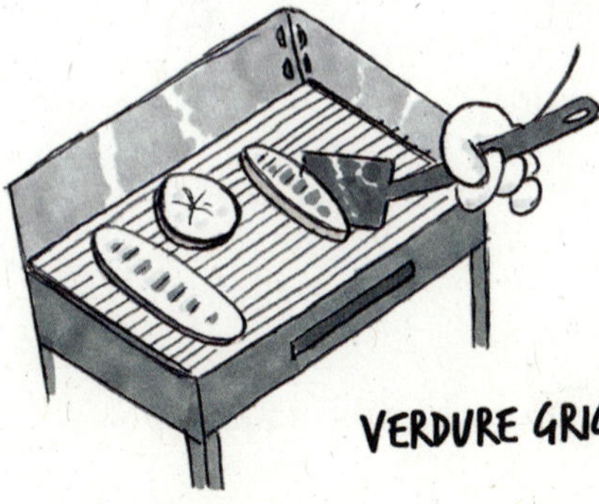
VERDURE GRIGLIATE

DOLCE

OGNI REGIONE HA I SUOI DOLCI TIPICI, MA I PIÙ FAMOSI SONO I SEGUENTI:

TIRAMISÙ
(MASCARPONE, CAFFÈ E CACAO)

PASTIERA NAPOLETANA
(RICOTTA E GRANO)

BABÀ
(PAN DI SPAGNA E RUM)

TORTA DELLA NONNA
(CREMA E PINOLI)

CANNOLO SICILIANO
(RICOTTA E CANDITI)

PANNA COTTA

E PER FINIRE...

LIMONCELLO

AMARO

CANTUCCI E VINSANTO

MERENDA

LA MERENDA È UN PASTO LEGGERO CHE PUÒ PREVEDERE CIBI SIA DOLCI CHE SALATI:

PANINO RIPIENO

TORTA

LATTE E SUCCHI

APERITIVO

L'APERITIVO È UN MOMENTO CONVIVIALE NEL QUALE POTER CONSUMARE UNA BEVANDA, ACCOMPAGNATA DA UN RICCO BUFFET.

ALCUNE BEVANDE TIPICHE:

SPRITZ

BIRRA

UN BUON BICCHIERE DI VINO

COCKTAIL ALCOLICO O ANALCOLICO

COME PREPARARE UN PIATTO DI PASTA

PER GLI ITALIANI LA PASTA È UNO DEI PIATTI PRINCIPALI E SPESSO SI MANGIA SIA A PRANZO CHE A CENA.

PER PREPARARE UN PIATTO DI SPAGHETTI AL SUGO PER DUE PERSONE AVETE BISOGNO DI:

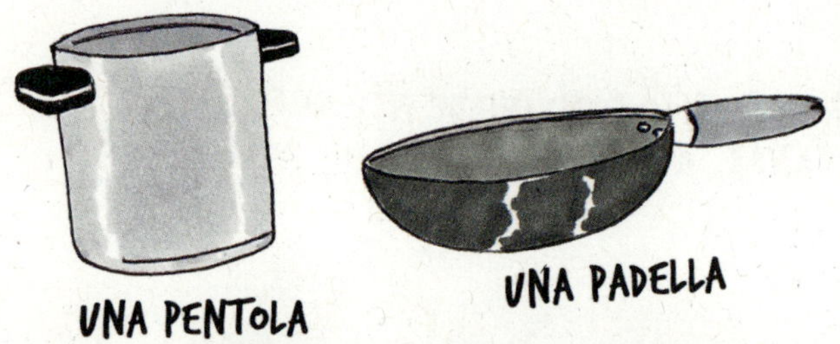

INIZIATE PREPARANDO IL CONDIMENTO:

VERSATE CIRCA TRE CUCCHIAI DI OLIO NELLA PADELLA E METTETELA SUL FORNELLO A FUOCO LENTO.

SPEZZETTATE LA CIPOLLA O L'AGLIO NELL'OLIO BOLLENTE.

LASCIATE SOFFRIGGERE FINO A CHE NON IMBIONDISCE.

AGGIUNGETE LA PASSATA DI POMODORO O I POMODORINI FRESCHI TAGLIATI A PEZZI E MESCOLATE IL TUTTO CON QUALCHE FOGLIA DI BASILICO.

AGGIUNGETE UN PO' DI SALE.

FATE CUOCERE QUANTO BASTA SENZA FAR BRUCIARE IL POMODORO. UNA DECINA DI MINUTI DOVREBBERO ANDARE BENE.

SE SERVE, DURANTE LA COTTURA, AGGIUNGETE UN PO' DI ACQUA PER ALLUNGARE IL SUGO.

CONTEMPORANEAMENTE RIEMPITE LA PENTOLA CON DELL'ACQUA E PORTATELA A EBOLLIZIONE.

AGGIUNGETE UNA MANCIATA DI SALE GROSSO E ASPETTATE CHE L'ACQUA TORNI A BOLLIRE DI NUOVO.

ASSAGGIATE L'ACQUA PER SENTIRE SE IL QUANTITATIVO DI SALE È CORRETTO.

VERSATE LA PASTA NELLA PENTOLA (SE USATE GLI SPAGHETTI, DOVRETE METTERLI IN PIEDI).

FATE CUOCERE PER IL TEMPO INDICATO SULLA CONFEZIONE.

VERSATE GLI SPAGHETTI NELLO SCOLAPASTA PER ELIMINARE TUTTA L'ACQUA.

METTETE LA PASTA NELLA PADELLA CON IL CONDIMENTO.

GIRATE IL TUTTO A FUOCO LENTO.

SERVITE GLI SPAGHETTI NEI PIATTI E AGGIUNGETE UN PO' DI OLIO, DEL BASILICO FRESCO E, SE VI PIACE, UN PO' DI PARMIGIANO GRATTUGIATO.

SPAGHETTI AGLIO, OLIO E PEPERONCINO

QUANDO SIETE IN COMPAGNIA E VOLETE PREPARARE QUALCOSA DI BUONO E VELOCE, QUESTO PIATTO È LA SOLUZIONE!

ABBIAMO GIÀ VISTO COME CUCINARE LA PASTA.

CONCENTRIAMOCI QUINDI SUL CONDIMENTO. PER DUE PERSONE VI SERVE:

AGLIO

PADELLA

OLIO EXTRAVERGINE DI OLIVA

SALE GROSSO E FINO

PEPERONCINO

METTETE A BOLLIRE L'ACQUA
CON UN PUGNO DI SALE.
METTETE IN UNA PADELLA
3 CUCCHIAI DI OLIO.
TAGLIUZZATE UN PAIO
DI SPICCHI DI AGLIO.
AGGIUNGETE IL PEPERONCINO
E FATE SOFFRIGGERE FINCHÉ
L'AGLIO NON IMBIONDISCE.
SCOLATE LA PASTA E RIPASSATELA
NELLA PADELLA CON IL CONDIMENTO.
SERVITE IN TAVOLA E
LASCIATE CHE L'AMORE
FACCIA IL RESTO.

COME PREPARARE LA PIZZA

LA PIZZA È UNO DEI PIATTI ITALIANI PIÙ AMATI E FAMOSI NEL MONDO.

NEL GIUGNO 1889, PER ONORARE LA REGINA D'ITALIA, MARGHERITA DI SAVOIA, IL CUOCO RAFFAELE ESPOSITO DELLA PIZZERIA BRANDI CREÒ LA PIZZA MARGHERITA, DOVE I CONDIMENTI (POMODORO, MOZZARELLA E BASILICO) RAPPRESENTAVANO LA BANDIERA ITALIANA.

COSA SERVE PER 2 PIZZE:

7 GRAMMI DI LIEVITO

500 GRAMMI DI FARINA TIPO 00

12 GRAMMI DI SALE

UN CUCCHIAINO DI ZUCCHERO

POLPA DI POMODORO

OLIO

MOZZARELLA

BASILICO

ACQUA

SBRICIOLATE IL LIEVITO IN 100 GRAMMI DI ACQUA TIEPIDA CON LO ZUCCHERO E LASCIATELO ATTIVARE PER CIRCA 5 MINUTI.

DISPONETE LA FARINA SU UN PIANO (O IN UNA CIOTOLA) E VERSATE AL CENTRO IL LIEVITO SCIOLTO, UN PO' DI OLIO E IL SALE FINO.

IMPASTATE A MANO PER CIRCA 15 MINUTI, AGGIUNGENDO L'ACQUA NECESSARIA PER OTTENERE UNA PASTA OMOGENEA.

CONTINUATE A LAVORARE LA PASTA CON LE MANI.

QUANDO AVRÀ RAGGIUNTO UNA MASSA UNIFORME, AVRETE COMPIUTO IL PRIMO PASSO VERSO LA VOSTRA PIZZA.

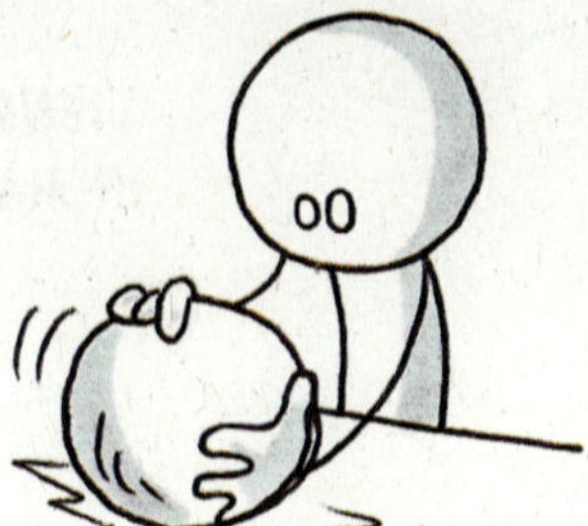

METTETE IL PANETTO IMPASTATO IN UN LUOGO BUIO PER CIRCA 3 ORE E COPRITELO CON UN PANNO PER FARLO LIEVITARE.

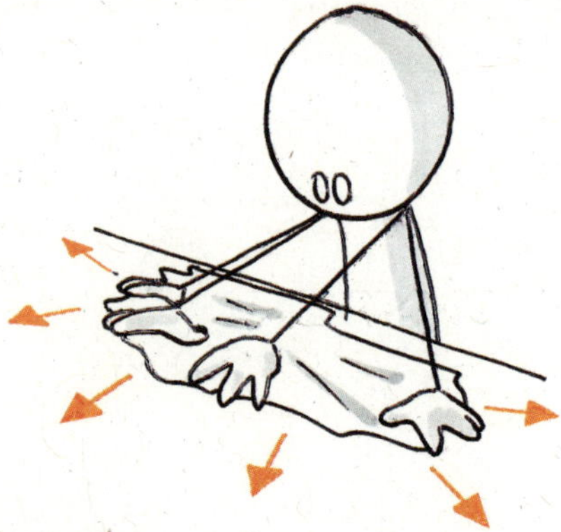

DOPO LA LIEVITAZIONE, LAVORATE
LA PASTA SU UN TAVOLO INFARINATO
E DIVIDETELA IN DUE PARTI UGUALI.

STENDETELA PRIMA CON UN
MATTARELLO E POI A MANO
IN MODO DA CREARE
UNA FORMA TONDA.

STENDETE IL POMODORO
IN MANIERA UNIFORME.

TAGLIATE LA MOZZARELLA A CUBETTI
E DISTRIBUITELA SULLA PIZZA.

METTETE LA PIZZA NEL FORNO (A LEGNA O ELETTRICO) PER CIRCA 15 MINUTI A 250 GRADI.

CI SONO DIVERSE TIPOLOGIE DI PIZZA. LE PIÙ CONOSCIUTE SONO:

LA PIZZA ROMANA (SOTTILE E CROCCANTE).

LA PIZZA NAPOLETANA (PIÙ ALTA E RICCA DI MOZZARELLA).

AGGIUNGETE IL BASILICO.

SE NON SIETE RIUSCITI A CUCINARE UNA PIZZA COME PIACE A VOI, POTETE SEMPRE ANDARE IN UNA BUONA PIZZERIA E ORDINARNE UNA!

COME PREPARARE IL PANE

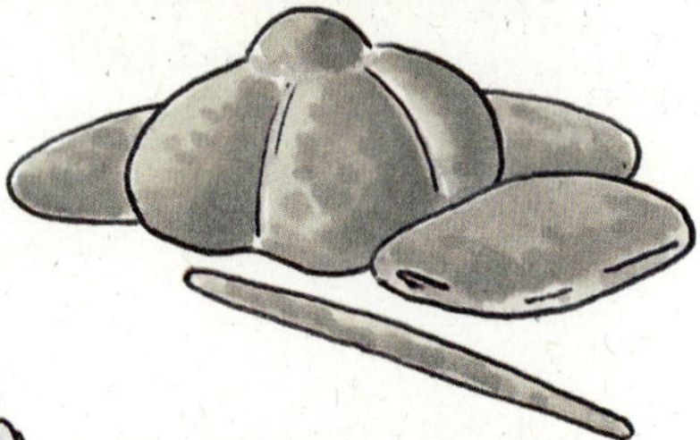

IL PANE È UNO DEGLI ALIMENTI IMMANCABILI SULLE TAVOLE DEGLI ITALIANI.

VEDIAMO LA RICETTA PER REALIZZARE IL PANE PIÙ SEMPLICE IN ASSOLUTO, DETTO ANCHE "PANE CAFONE".

QUESTI GLI INGREDIENTI:

500 GRAMMI DI FARINA 00

20 GRAMMI DI LIEVITO DI BIRRA

300 CL DI ACQUA

UN CUCCHIAINO DI SALE

DISPONETE LA FARINA IN UN CONTENITORE PULITO E ASCIUTTO.

SCIOGLIETE IL LIEVITO NELL'ACQUA TIEPIDA CHE ANDRETE AD AGGIUNGERE PIANO PIANO NELLA FARINA.
IL SALE VA AGGIUNTO QUASI ALLA FINE. LAVORATE L'IMPASTO PER CIRCA 15 MINUTI FINO A QUANDO NON RISULTERÀ OMOGENEO, LISCIO ED ELASTICO.
METTETE L'IMPASTO IN UN CONTENITORE COPERTO E LASCIATE LIEVITARE PER CIRCA 2 ORE.
DOPO LA PRIMA LIEVITAZIONE, IMPASTATE NUOVAMENTE IL COMPOSTO.
PRENDETE UN PEZZO DI PASTA E CONSERVATELO IN FRIGO NELLA CARTA STAGNOLA. POTETE USARLO COME "LIEVITO MADRE" AL POSTO DEL LIEVITO DI BIRRA.

DATE ALL'IMPASTO LA FORMA VOLUTA E METTETELO A RIPOSARE PER UN'ORA IN UN PANNO INFARINATO.

POSIZIONATE LA FORMA DI PANE SU UNA TEGLIA CHE ANDRÀ MESSA NEL FORNO A 200 GRADI.

È IMPORTANTE CHE IL FORNO SIA PRERISCALDATO.

PER UNA BUONA COTTURA METTETE NEL FORNO ANCHE UN BRICCO CON UN PO' DI ACQUA.

DOPO 30 MINUTI POTETE SFORNARE DELL'OTTIMO PANE FATTO IN CASA.

IL PANE IN ITALIA:

COME PREPARARE UN CAFFÈ

PER GLI ITALIANI BERE IL CAFFÈ È UN MOMENTO DA CONDIVIDERE CON AMICI E PARENTI E RAPPRESENTA UNA PIACEVOLE PAUSA DURANTE LA GIORNATA.

PER UN VERO CAFFÈ ALL'ITALIANA È NECESSARIO UTILIZZARE UNA MOKA CLASSICA.

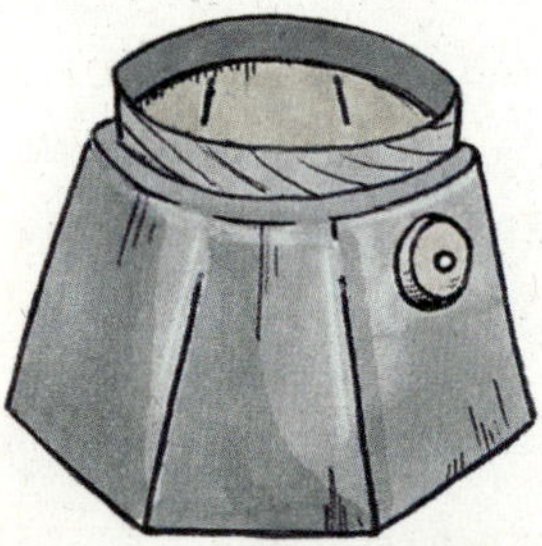

SVITATE LA MOKA E RIMUOVETE IL FILTRO A IMBUTO.

RIEMPITE DI ACQUA IL BOLLITORE INFERIORE FINO A SFIORARE IL LIVELLO DELLA VALVOLA DI SICUREZZA.

INSERITE NUOVAMENTE IL FILTRO A IMBUTO E RIEMPITELO CON IL CAFFÈ MACINATO.

IMPORTANTE:
IL CAFFÈ NON DEVE ESSERE PRESSATO ECCESSIVAMENTE!

AVVITATE LA PARTE SUPERIORE SENZA STRINGERE TROPPO.

METTETE LA MOKA SUL FUOCO NON TROPPO ALTO.

DOPO UN PO' SI SPARGERÀ NELL'ARIA UN PIACEVOLE ODORE DI CAFFÈ.

ASPETTATE CHE IL CAFFÈ SIA COMPLETAMENTE USCITO E POI SERVITELO NELLE APPOSITE TAZZINE.

SE NON VOLETE CIMENTARVI NELLA PREPARAZIONE DI UN CAFFÈ, POTETE SEMPRE ANDARE NEL VOSTRO BAR PREFERITO E ORDINARE UN OTTIMO ESPRESSO!

COME FARE UN BUON TIRAMISÙ

IL TIRAMISÙ È UN DOLCE FAMOSO IN TUTTA ITALIA, CARATTERIZZATO DALLA PRESENZA DEI SAVOIARDI.

LE ORIGINI SONO CONTESE FRA VARIE REGIONI, COME IL VENETO, IL FRIULI VENEZIA GIULIA, IL PIEMONTE E LA TOSCANA.

IL SUO NOME DERIVA DALLE SUE CAPACITÀ NUTRIZIONALI E RISTORATRICI.

ECCO COSA VI SERVE:

6 UOVA

TANTI SAVOIARDI

120 GRAMMI DI ZUCCHERO

250 GRAMMI DI MASCARPONE

CACAO IN POLVERE

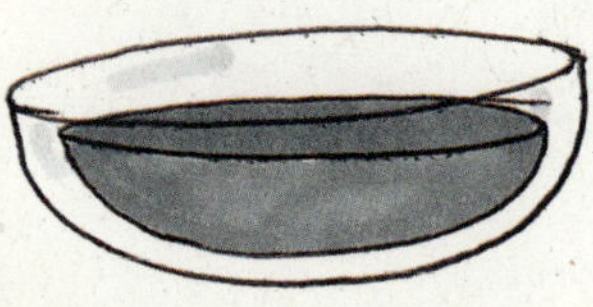

UNA CIOTOLA DI CAFFÈ

UNO SBATTITORE A FRUSTE

PER PREPARARE IL TIRAMISÙ,
DOVETE DIVIDERE
GLI ALBUMI DAI TUORLI.

AGGIUNGETE AI TUORLI METÀ DELLO ZUCCHERO.

MONTATE IL TUTTO CON LO
SBATTITORE ELETTRICO FINO A CHE
NON OTTERRETE UN BEL COMPOSTO
CHE SIA CHIARO, SPUMOSO E CREMOSO.

AGGIUNGETE IL MASCARPONE E MESCOLATE CON UN CUCCHIAIO DI LEGNO FINO A OTTENERE UN COMPOSTO BEN AMALGAMATO.

PRENDETE GLI ALBUMI E MONTATELI A NEVE CON LO SBATTITORE ELETTRICO AGGIUNGENDO L'ALTRA METÀ DELLO ZUCCHERO.

QUANDO AVRETE MONTATO TUTTO, UNITE I DUE COMPOSTI E MESCOLATE BENE PER OTTENERE UNA CREMA MORBIDA E COMPATTA.

PREPARATE IL CAFFÈ E FATELO RAFFREDDARE.

STENDETE IN UNA TEGLIA UNO STRATO DI CREMA E POI AGGIUNGETE I SAVOIARDI IMBEVUTI DI CAFFÈ.

FINITO IL PRIMO LIVELLO DI SAVOIARDI, STENDETE UN ALTRO STRATO DI CREMA.

RIPETETE QUESTA OPERAZIONE PER ALMENO DUE LIVELLI DI SAVOIARDI.

STENDETE UN ULTIMO STRATO DI CREMA E SPOLVERATE IL TUTTO CON DEL CACAO.

POTETE ANCHE AGGIUNGERE SCAGLIE DI CIOCCOLATO FONDENTE.

UNA VOLTA FINITO, METTETELO IN FRIGO PER ALMENO 3 ORE E SORVEGLIATELO DA EVENTUALI ASSALTI!

COME CUCINARE I CANTUCCI

I CANTUCCI, NOTI ANCHE COME "BISCOTTI DI PRATO", SONO UNO DEI DOLCI PIÙ FAMOSI DELLA TOSCANA.

NEL 1691 IL "DIZIONARIO DELL'ACCADEMIA DELLA CRUSCA" LI DEFINISCE COME: "BISCOTTI A FETTE, DI FIOR DI FARINA, CON ZUCCHERO E CHIARA D'UOVO".

ECCO COSA VI SERVE:

4 UOVA INTERE E UN TUORLO

280 GRAMMI DI ZUCCHERO SEMOLATO

100 GRAMMI DI BURRO

4 GR DI LIEVITO IN POLVERE

250 GRAMMI DI MANDORLE TOSTATE

500 GRAMMI DI FARINA 00

SETACCIO

METTETE NELLA CIOTOLA 4 UOVA INTERE E UN TUORLO. AGGIUNGETE LO ZUCCHERO E UN PIZZICO DI SALE.

MONTATE BENE FINO A QUANDO NON OTTERRETE UN COMPOSTO GONFIO E SPUMOSO.

AGGIUNGETE IL BURRO MORBIDO (MA NON FUSO) E MESCOLATE.

SETACCIATE INSIEME LIEVITO E FARINA E AMALGAMATE BENE TUTTI GLI INGREDIENTI.

IMPASTATE BENE CON LE MANI
FINO A OTTENERE UN COMPOSTO
MORBIDO E UNIFORME.

AGGIUNGETE LE MANDORLE
TOSTATE E REALIZZATE DEI
FILONCINI LUNGHI E STRETTI.

TRASFERITE I FILONCINI
SU UNA TEGLIA COPERTA
CON CARTA DA FORNO.

FATE CUOCERE A
190 GRADI PER 20 MINUTI.

TIRATE FUORI DAL FORNO I FILONCINI, FATELI RAFFREDDARE QUALCHE MINUTO E TAGLIATELI IN MODO DA RICAVARE CANTUCCI LARGHI CIRCA 1-1,5 CM.

METTETELI NUOVAMENTE SULLA TEGLIA E FATELI "BISCOTTARE" IN FORNO A 170 GRADI PER CIRCA 10-15 MINUTI.

APRITE IL FORNO E ASPETTATE CHE SIANO BEN FREDDI PRIMA DI GUSTARLI.

LA STORIA DEL GELATO

NELL'ANTICHITÀ SI GHIACCIAVANO FRUTTA, LATTE E MIELE PER REALIZZARE PIETANZE FRESCHE E NUTRIENTI.

NEL IX SECOLO, LA NEVE DELL'ETNA VENIVA ESPORTATA IN TUTTO L'IMPERO ROMANO PER LA PREPARAZIONE DI SORBETTI A BASE DI ACQUA, ZUCCHERO, ERBE E SPEZIE.

NEL 1686 IL CUOCO SICILIANO FRANCESCO PROCOPIO DEI COLTELLI REALIZZÒ LA MISCELA DEL GELATO CHE CONOSCIAMO OGGI, GRAZIE ALLA MACCHINA INVENTATA DAL NONNO.

DOPO DIVERSI TENTATIVI, PROCOPIO APRÌ A PARIGI IL CAFÉ PROCOPE, DOVE VENIVA SERVITA UNA GRANDE VARIETÀ DI GELATI.

VOLTAIRE, HUGO, NAPOLEONE E BALZAC MANGIARONO DA LUI SPESSO E VOLENTIERI.

NEL 1903 ITALO MARCHIONI INVENTÒ UN CONTENITORE FATTO DI CIALDA, DANDO VITA AL CONO GELATO.

COME INDICAZIONE DI UN PRODOTTO DI QUALITÀ, IN TUTTO IL MONDO TROVATE SCRITTO: "VERO GELATO ITALIANO".

GLI INGREDIENTI BASE DEL GELATO SONO:

I GUSTI DEL GELATO SI DIVIDONO FONDAMENTALMENTE IN DUE CATEGORIE:

CREME

FRUTTA

IL GELATO PUÒ ESSERE SERVITO IN DIVERSI MODI:

CI SONO DIVERSE TECNICHE PER METTERE IL GELATO SUL CONO:

PALETTA

PORZIONATORE CHE REALIZZA SFERE PERFETTE

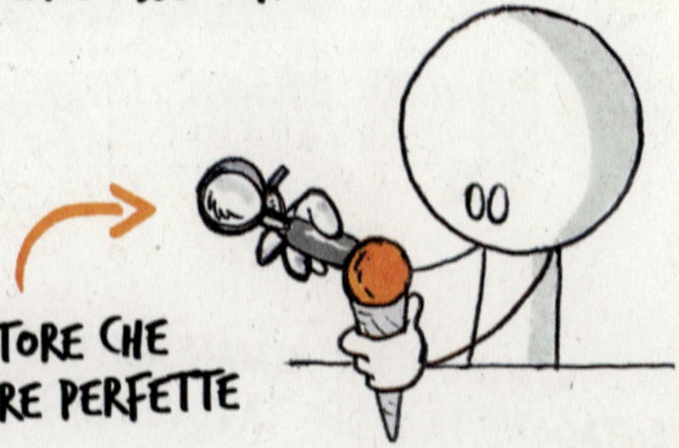

PER MANGIARE IL GELATO SENZA SPORCARSI, È NECESSARIO INIZIARE A LECCARE DA SOTTO, GIRANDO CONTEMPORANEAMENTE LA BASE.

ATTENZIONE:

SE AUMENTATE TROPPO L'ANGOLO CON CUI TENETE IL CONO, C'È IL RISCHIO DI FAR CADERE IL GELATO E SPORCARVI.

IN ITALIA POTETE GUSTARE DELL'OTTIMO GELATO ARTIGIANALE IN QUALSIASI STAGIONE DELL'ANNO.

COME SI PREPARA IL VINO

IL VINO È UN IMMANCABILE PROTAGONISTA DELLE TAVOLE ITALIANE.

QUESTA STRAORDINARIA BEVANDA SI OTTIENE DALLA FERMENTAZIONE ALCOLICA DEL SUCCO D'UVA.

L'INIZIO DEL CICLO PRODUTTIVO DEL VINO È LA VENDEMMIA.

UN TEMPO ERA FATTA ESCLUSIVAMENTE A MANO, MENTRE OGGI VIENE ESEGUITA MECCANICAMENTE.

UNA VOLTA RACCOLTA L'UVA È NECESSARIO PROCEDERE ALLA SUA SPREMITURA.

NEL METODO TRADIZIONALE I CONTADINI CALPESTAVANO L'UVA A PIEDI NUDI IN GRANDI TINI.

UN ALTRO METODO PREVEDE L'UTILIZZO DI UN MACCHINARIO CHIAMATO TORCHIO.

IL PRODOTTO DELLA PIGIATURA SI CHIAMA MOSTO.

IL MOSTO VIENE POI RACCOLTO IN GRANDI TINI E LASCIATO A FERMENTARE.

LA FERMENTAZIONE O VINIFICAZIONE PUÒ DURARE DA UN GIORNO A UNA SETTIMANA, MA PUÒ ESSERE ANCHE PROLUNGATA FINO A DIECI GIORNI QUANDO SI TRATTA DI VINI PIÙ COMPLESSI.

DURANTE QUESTO PROCESSO BIOCHIMICO, LO ZUCCHERO NEL MOSTO SI TRASFORMA IN ALCOL E IN ANIDRIDE CARBONICA.

LA VINIFICAZIONE SEGUE UN PROCEDIMENTO DIVERSO A SECONDA DEL TIPO DI VINO CHE SI VUOLE OTTENERE:

SE IL MOSTO VIENE FATTO FERMENTARE INSIEME ALLE BUCCE DELL'UVA, SEMI E RASPI SI OTTIENE IL VINO ROSSO.

SE INVECE IL MOSTO VIENE FATTO FERMENTARE DA SOLO E FILTRATO, SI OTTIENE IL VINO BIANCO.

IL PASSAGGIO SUCCESSIVO È LA SVINATURA, IN CUI IL MOSTO VIENE RIPULITO DI TUTTI I RESIDUI SOLIDI E TRAVASATO IN UNA BOTTE.

NELLE BOTTI IL VINO CONTINUA A FERMENTARE PER RAGGIUNGERE L'INVECCHIAMENTO DESIDERATO.

IL TUTTO A UNA TEMPERATURA DI CIRCA 15 GRADI.

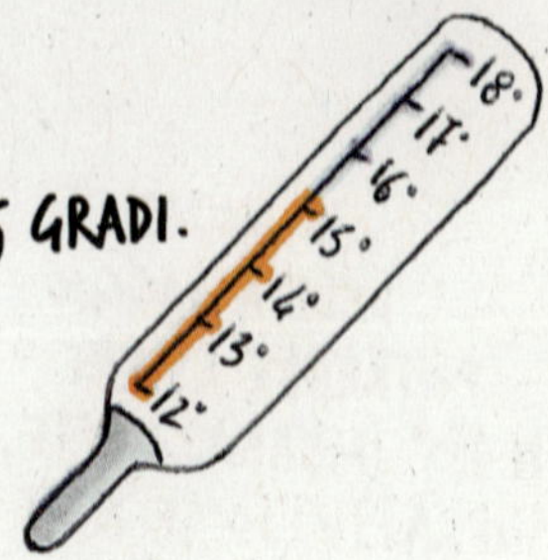

INFINE VIENE IMBOTTIGLIATO ED ETICHETTATO.

ALLA FINE DEL PROCEDIMENTO, POTETE GUSTARE IN COMPAGNIA UN BICCHIERE DI OTTIMO VINO ITALIANO.

COME DEGUSTARE UN BICCHIERE DI VINO

QUANDO SIETE AL RISTORANTE E ORDINATE UNA BOTTIGLIA DI VINO, IL CAMERIERE POTREBBE INVITARVI AD ASSAGGIARLO PER VEDERE SE È DI VOSTRO GRADIMENTO.

IL MOMENTO DELL'ASSAGGIO POTREBBE ESSERE UN PO' IMBARAZZANTE, SOPRATTUTTO SE NON SAPETE COSA FARE.

VEDIAMO QUINDI COME COMPORTARSI PER DEGUSTARE IL VINO IN MANIERA ADEGUATA E SEMBRARE DEI VERI PROFESSIONISTI:

7 SEMPLICI REGOLE!

1 – AFFERRATE IL BICCHIERE DAL GAMBO E NON DALLA COPPA.

2 – ALZATE IL BICCHIERE E INCLINATELO PER VALUTARE COLORE, CONSISTENZA E DENSITÀ.

3 – FATE ROTEARE IL VINO NEL BICCHIERE IN MODO CHE SI OSSIGENI E POSSA SPRIGIONARE MAGGIORMENTE IL SUO AROMA.

4 – ANNUSATE IL VINO CON IL NASO A QUALCHE CENTIMETRO DAL BICCHIERE, AVVICINANDOVI PROGRESSIVAMENTE.

QUALI ODORI RIUSCITE A DISTINGUERE?

5 – PRENDETE UN SORSO DI VINO, CERCANDO DI INTRODURRE ANCHE UN PO' DI ARIA.

6 – MANTENETELO PER UN PO' IN BOCCA E ASSAPORATELO, CERCANDO DI DISTINGUERE I VARI SAPORI.

7 – SE L'ASSAGGIO VI È PIACIUTO, DITE "VA BENE" AL CAMERIERE CHE PROCEDERÀ A SERVIRVI.

Come Preparare uno Spritz

OGNI ORA DELLA GIORNATA HA IL SUO DRINK E TRA LE 18 E LE 23 POTETE PREPARARE UN OTTIMO SPRITZ!

IL NOME DERIVA DAL TEDESCO "SPRITZER", OVVERO SPRUZZARE.

È UN TIPICO DRINK DA APERITIVO E NASCE TRA GLI ANNI '20 E '30 TRA PADOVA E VENEZIA.

SEMBRA CHE LE ORIGINI DI QUESTO DRINK SIANO RICONDUCIBILI A VENEZIA, DOVE NELL'IMPERO AUSTRO-UNGARICO I SOLDATI ALLUNGAVANO I VINI VENETI CON ACQUA O SELTZ.

È TIPICAMENTE ARANCIONE PERCHÉ PRENDE IL COLORE DALL'APEROL.

A VOLTE È ROSSO PERCHÉ AL POSTO DELL'APEROL VIENE MESSO IL CAMPARI CHE GLI DÀ UN SAPORE PIÙ SECCO.

MESCOLATE INSIEME GLI INGREDIENTI SECONDO LE DOSI.

AGGIUNGETE UNA FETTA DI ARANCIA.

SE VOLETE ESSERE PIÙ PROFESSIONALI, POTETE AGGIUNGERE UN'OLIVA COME GUARNIZIONE.

OVVIAMENTE, PER POTERLO GUSTARE AL MEGLIO, È NECESSARIO DOTARSI DI PATATINE E DI UN'OTTIMA COMPAGNIA!

I LUOGHI DOVE SI MANGIA E SI BEVE

IN ITALIA È POSSIBILE MANGIARE E BERE IN DIVERSE TIPOLOGIE DI LOCALI:

BAR

IL BAR È UN LUOGO DOVE SI SOSTA BREVEMENTE PER CONSUMARE BEVANDE E CIBI LEGGERI STANDO SEDUTI O IN PIEDI.

VIENE NORMALMENTE UTILIZZATO PER LA COLAZIONE, L'APERITIVO E PER SOSTE BREVI DOVE POTER CONSUMARE PASTI VELOCI CON TRAMEZZINI E PANINI.

CHIOSCO

PER LE STRADE È POSSIBILE TROVARE DIVERSE TIPOLOGIE DI CHIOSCHI PIÙ O MENO GRANDI, ALCUNI SPECIALIZZATI NELLA VENDITA DI PRODOTTI SPECIFICI.

GRANITE E FRUTTA

GELATI

PANINI

TAVOLA CALDA

SE AVETE FRETTA E VOLETE MANGIARE IN POCO TEMPO, ALLORA LA TAVOLA CALDA È IL LUOGO GIUSTO.

QUI VENGONO SERVITI PIATTI SIA CALDI SIA FREDDI CHE POTETE SCEGLIERE TRA QUELLI ESPOSTI.

RISTORANTE

SE VOLETE MANGIARE COMODAMENTE SEDUTI AL TAVOLO IN UN AMBIENTE CURATO E CON UN BUON SERVIZIO, POTETE ANDARE IN UN RISTORANTE.

ESISTONO VARIE TIPOLOGIE DI RISTORANTI CON SVARIATI GENERI DI CUCINA E COSTI PROPORZIONATI AL TIPO DI SERVIZIO.

PIZZERIA

LA CARATTERISTICA DI QUESTO POSTO È LA PRESENZA DI UN PIZZAIOLO ADDETTO AL FORNO E ALLA COTTURA DELLE PIZZE.

ESISTONO DUE TIPOLOGIE DI PIZZERIE:

AL TAVOLO

AL TAGLIO DA ASPORTO

ENOTECA

SI TRATTA DI UN LUOGO MOLTO PARTICOLARE DOVE DEGUSTARE TANTISSIME VARIETÀ DI VINI E TALVOLTA ANCHE DI BIRRE.

LE BEVANDE SONO SPESSO ACCOMPAGNATE DA UN TAGLIERE DI SALUMI E FORMAGGI.

OSTERIA, TRATTORIA E TAVERNA

SI TRATTA DI POSTI MOLTO CARATTERISTICI, DOVE È POSSIBILE BERE E MANGIARE CIBI TIPICI DEL LUOGO IN COMPAGNIA E ALLEGRIA.

IN QUESTI LUOGHI L'ARREDAMENTO È DI TIPO RUSTICO E IL SERVIZIO PARTICOLARMENTE INFORMALE.

AGRITURISMO

SI TRATTA SPESSO DI UN CASALE IMMERSO NELLA CAMPAGNA, DOVE GUSTARE PIATTI TIPICI IL PIÙ DELLE VOLTE PRODOTTI IN LOCO.

NELL'AGRITURISMO È SPESSO POSSIBILE VISITARE LA FATTORIA, FARE PIC-NIC ALL'APERTO E PERNOTTARE.

TOMBOLA
16 21 31 42 60
18 22 33 52 62
2 38 55 69 74
MARIO
3
2
4

Giochi Tipici

COME SI GIOCA A TOMBOLA

QUESTO GIOCO,
NOTO IN MOLTI PAESI DEL MONDO
COME "BINGO", È STATO INVENTATO
A NAPOLI NEL XVIII SECOLO.

IN ITALIA VIENE SPESSO
GIOCATO NEL PERIODO NATALIZIO.

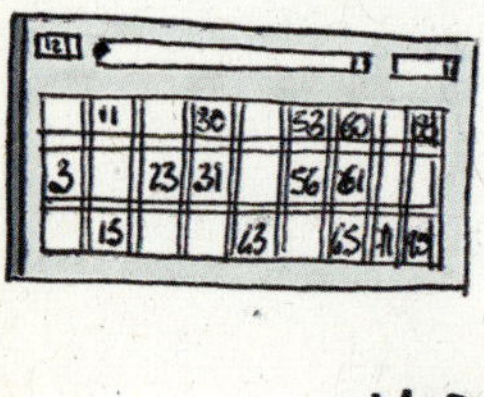

PER GIOCARE SERVONO:
- UN CARTELLONE CON 90 NUMERI
- ALCUNE SCHEDE CHE RIPORTANO 15 NUMERI CASUALI
- UN BUSSOLOTTO CON GLI INDICATORI DEI 90 NUMERI.

L'OBIETTIVO DEL GIOCO
È COPRIRE TUTTI I NUMERI
PRESENTI SULLA PROPRIA SCHEDA
PER POTER GRIDARE "TOMBOLA".

ALL'INIZIO DEL GIOCO, OGNI GIOCATORE ACQUISTA UNA O PIÙ CARTELLE A UN PREZZO STABILITO TRA TUTTI I PARTECIPANTI.

UN GIOCATORE, CHIAMATO BANDITORE, DOVRÀ COMPRARE IL CARTELLONE AL PREZZO DI 6 SCHEDE E SARÀ COLUI CHE SI OCCUPERÀ DI ESTRARRE I NUMERI DAL BUSSOLOTTO.

DOPO AVER RICEVUTO TUTTI I SOLDI, IL BANDITORE DIVIDERÀ LA SOMMA RACCOLTA IN 6 PREMI DI ENTITÀ CRESCENTE.

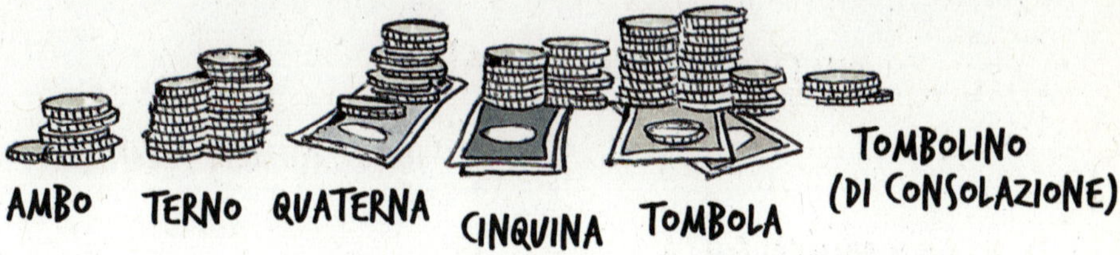

PER OGNI GIOCATA, IL BANDITORE ESTRAE UN INDICATORE CON IL NUMERO E NE GRIDA IL VALORE.

OGNI VOLTA CHE VIENE ESTRATTO UN NUMERO,
I GIOCATORI DOVRANNO COPRIRLO SE È PRESENTE SULLA LORO SCHEDA.

SULLE SCHEDE PIÙ MODERNE
BASTA ABBASSARE UNA FINESTRELLA.

SULLE SCHEDE TRADIZIONALI IL NUMERO
VA COPERTO CON UN FAGIOLO
O CON UN PEZZO DI BUCCIA DI ARANCIA.

QUESTE SONO LE POSSIBILI COMBINAZIONI:

AMBO: DUE NUMERI ALLINEATI.

TERNO: TRE NUMERI ALLINEATI.

QUATERNA: QUATTRO NUMERI ALLINEATI.

CINQUINA: CINQUE NUMERI ALLINEATI.

NOTA: I NUMERI SULLA
LINEA DELLA SCHEDA NON DEVONO
NECESSARIAMENTE ESSERE VICINI.

IL PRIMO CHE REALIZZA UNA COMBINAZIONE
PRENDE IL PREMIO CORRISPONDENTE.

IL PRIMO CHE COPRE TUTTI I NUMERI DELLA PROPRIA SCHEDA FA **TOMBOLA** E PRENDE IL PREMIO PIÙ ALTO.

ALCUNI GIOCATORI POTREBBERO NON ESSERE MOLTO CONTENTI.

IL SECONDO CHE COPRE TUTTI I NUMERI DELLA SCHEDA VINCE IL COSIDDETTO **"TOMBOLINO"**.

SE SI FA UNA COMBINAZIONE SU UNA LINEA DELLA SCHEDA, NON SI PUÒ FARE QUELLA SUCCESSIVA SULLA STESSA LINEA. AD ESEMPIO SE SI FA AMBO, NON SI PUÒ FARE TERNO, MA SI PUÒ FARE QUATERNA.

SECONDO LA TRADIZIONE, ALL'ESTRAZIONE DEL PRIMO NUMERO, QUALCUNO DOVRÀ URLARE "AMBO", ANCHE SE, EVIDENTEMENTE, NON PUÒ AVERLO FATTO!

SE SIETE IL BANDITORE, POTRESTE SENTIRVI SPESSO CHIEDERE SE SONO USCITI ALCUNI NUMERI SPECIFICI. NON PERDETE LA PAZIENZA, FA PARTE DEL VOSTRO RUOLO.

COME GIOCARE A CARTE: LA SCOPA

IN ITALIA LA TRADIZIONE DELLE CARTE È RADICATA NELLA STORIA.

UNO DEI GIOCHI PIÙ POPOLARI È LA "SCOPA".

IL NOME DERIVA DAL FATTO CHE, PRENDENDO LE CARTE DAL TAVOLO, IL GIOCATORE LE "SCOPA" VIA.

OVVIAMENTE NON SERVE UNA SCOPA VERA.

VEDIAMO COME FUNZIONA.

IL MAZZO È FORMATO DA 40 CARTE DIVISE IN 4 SEMI:

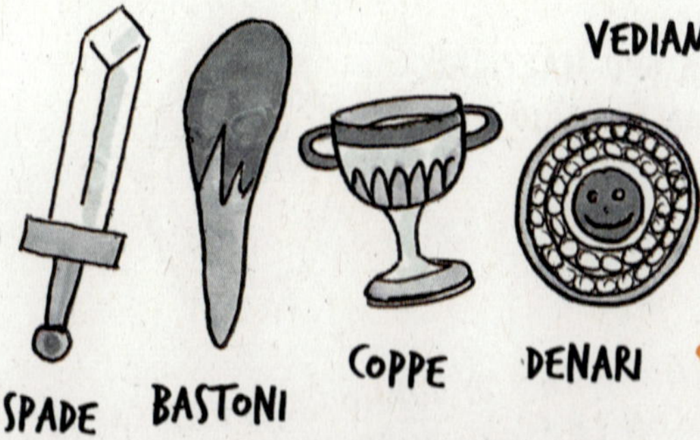

OGNI SEME HA 7 CARTE NUMERICHE (DA 1 A 7) E TRE CARTE VESTITE (8, 9 E 10).

L'8 È UN FANTE

IL 9 È UN CAVALIERE

IL 10 È UN RE

SI PUÒ GIOCARE DA DUE A QUATTRO GIOCATORI DISPOSTI INTORNO A UN TAVOLO.

LA BOTTIGLIA DI VINO È OPZIONALE.

UNA PERSONA A CASO DIVENTA IL MAZZIERE: DISTRIBUISCE 3 CARTE PER OGNI GIOCATORE E METTE ALTRE 4 CARTE SUL TAVOLO.

INIZIA IL GIOCATORE A DESTRA DEL MAZZIERE E SI PROCEDE IN SENSO ANTIORARIO.

IL GIOCATORE DI TURNO CALA UNA CARTA CON LO SCOPO DI PRENDERE QUANTE PIÙ CARTE POSSIBILI DAL TAVOLO. LE CARTE PRESE VANNO A FINIRE IN UN MAZZETTO SEGNAPUNTI.

OGNI CARTA HA UN VALORE NUMERICO INDIPENDENTE DAL SEME. AD ESEMPIO CON IL 5 DI BASTONI SI PUÒ PRENDERE IL 5 DI COPPE.

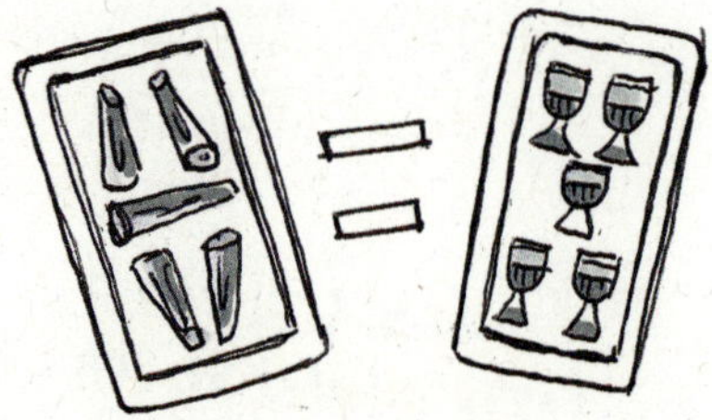

CON UNA CARTA SI POSSONO PRENDERE PIÙ CARTE DAL TAVOLO SE IL SUO VALORE COINCIDE CON LA LORO SOMMA.

AD ESEMPIO CON IL 6 DI BASTONI SI POSSONO PRENDERE IL 4 DI BASTONI E IL 2 DI DENARI.

ATTENZIONE: SE SUL TAVOLO C'È UNA CARTA CON IL VALORE UGUALE A QUELLA CHE VOLETE GIOCARE, SIETE COSTRETTI A PRENDERLA.

SE, AD ESEMPIO, SUL TAVOLO CI SONO QUESTE CARTE E VOLETE GIOCARE IL 9 DI COPPE, DOVETE PER FORZA PRENDERE IL NOVE DI DENARI.

SE UN GIOCATORE, CON UNA GIOCATA SINGOLA, RIESCE A PRENDERE TUTTE LE CARTE CHE SI TROVANO SUL TAVOLO, REALIZZA UNA "SCOPA" CHE VALE UN PUNTO! (NON VALE NELL'ULTIMA PRESA).

PER INDICARE UNA SCOPA REALIZZATA, SI METTE LA CARTA GIOCATA CON LA FACCIA IN ALTO NEL PROPRIO MAZZETTO SEGNAPUNTI.

QUANDO NON CI SONO PIÙ CARTE DA GIOCARE SI CONTANO I PUNTI.

I PUNTI NEL GIOCO DELLA SCOPA:

1 – OGNI "SCOPA" FATTA VALE UN PUNTO.

2 – IL GIOCATORE CON PIÙ CARTE OTTIENE UN PUNTO. SE IL NUMERO DI CARTE È UGUALE, IL PUNTO NON VIENE ASSEGNATO.

3 – IL GIOCATORE CHE COLLEZIONA PIÙ CARTE DI DENARI OTTIENE UN PUNTO. SE IL NUMERO DI CARTE È UGUALE IL PUNTO NON VIENE ASSEGNATO.

4 – IL 7 DI DENARI È DETTO "SETTEBELLO" ED È UNA DELLE CARTE PIÙ IMPORTANTI PERCHÉ DA SOLA VALE UN PUNTO.

5 – IL GIOCATORE CHE REALIZZA LA "PRIMIERA" OTTIENE UN PUNTO.

LA PRIMIERA È IL MAGGIOR PUNTEGGIO OTTENUTO CON QUATTRO CARTE, UNA PER SEME, CON I SEGUENTI VALORI:

CARTA	7	6	ASSO	5	4	3	2	10	9	8
VALORE PRIMIERA	21	18	16	15	14	13	12	10	10	10

IL MASSIMO VALORE DELLA PRIMIERA È QUINDI 84, REALIZZATA CON QUATTRO 7 (21 + 21 + 21 + 21 = 84)

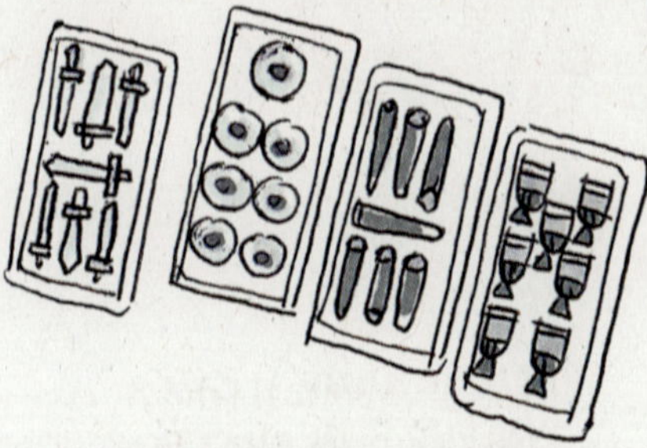

IMPORTANTE: PER LA PRIMIERA LE QUATTRO CARTE DEVONO ESSERE DI SEMI DIFFERENTI.

UNA VOLTA CONTATI I PUNTI, IL GIOCATORE A SINISTRA DEL PRECEDENTE MAZZIERE DIVENTA IL MAZZIERE DI TURNO.

VINCE CHI REALIZZA PER PRIMO UNDICI PUNTI.

COME GIOCARE A BRISCOLA

LA BRISCOLA È UN ALTRO GIOCO TIPICO ITALIANO CON LE CARTE.

VEDIAMO COME SI GIOCA IN DUE O IN QUATTRO:

UN GIOCATORE DIVENTA IL MAZZIERE DI TURNO E DISTRIBUISCE 3 CARTE PER OGNI GIOCATORE.

METTE POI UNA CARTA SCOPERTA SUL TAVOLO, COPRENDOLA PER METÀ CON IL MAZZO.

QUESTA CARTA DETERMINA IL SEME DELLA BRISCOLA E SARÀ L'ULTIMA A ESSERE PESCATA.

INIZIA A GIOCARE CHI È A DESTRA DEL MAZZIERE E SI CONTINUA IN SENSO ANTIORARIO.

LA CARTA CALATA DAL GIOCATORE DI MANO DETERMINA IL SEME DOMINANTE.

GLI ALTRI GIOCATORI POSSONO RISPONDERE IN MANIERE DIVERSE:

- CON UNA CARTA DELLO STESSO SEME MA DI VALORE MAGGIORE E VINCERE LA MANO.

- CON UNA QUALSIASI CARTA CON IL SEME DELLA BRISCOLA E VINCERE LA MANO.

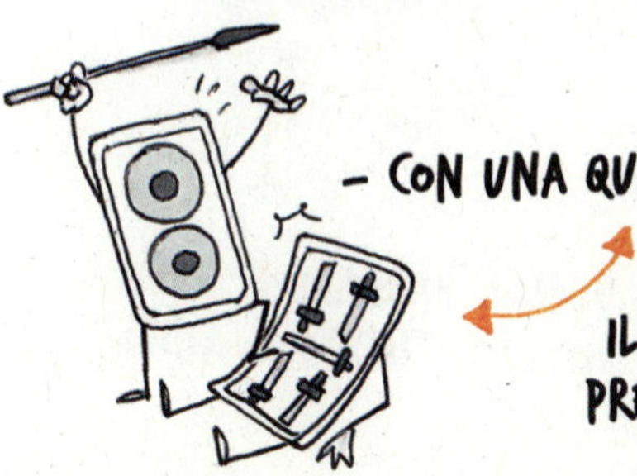

- CON UNA QUALSIASI ALTRA CARTA E PERDERE LA MANO.

IL GIOCATORE CHE VINCE LA MANO PRENDE TUTTE LE CARTE DAL TAVOLO.

DOPO OGNI MANO, I GIOCATORI PRENDONO UNA CARTA PER UNO DAL MAZZETTO CENTRALE, INIZIANDO DAL GIOCATORE CHE HA VINTO LA MANO, SEGUITO DAGLI ALTRI IN SENSO ANTIORARIO.

LE MANI SI SUSSEGUONO FINO A CHE NON FINISCONO TUTTE LE CARTE DEL MAZZO CENTRALE.

L'ULTIMA MANO CONSISTE IN TRE GIOCATE SENZA PESCARE ALTRE CARTE, FINO A CHE NON VENGONO ESAURITE TUTTE LE CARTE IN MANO.

SOLITAMENTE È LA MANO PIÙ IMPORTANTE PERCHÉ I GIOCATORI TENDONO A CONSERVARE LE CARTE DI VALORE PIÙ ALTO (DETTI CARICHI).

NELLA FASE FINALE DI GIOCO SI POSSONO ADOTTARE QUESTE REGOLE:

SI POSSONO VEDERE LE CARTE DEL PROPRIO COMPAGNO.

SI PUÒ CHIEDERE DI NON PARLARE (COSA INVECE CONSENTITA DURANTE TUTTO IL GIOCO).

IL VINCITORE DELLA PARTITA È IL GIOCATORE O LA COPPIA CHE HA REALIZZATO IL MAGGIOR PUNTEGGIO SOMMANDO I PUNTI DELLE SINGOLE CARTE PRESE DURANTE IL GIOCO.

QUESTA È LA TABELLA DI RIFERIMENTO PER IL CALCOLO DEI PUNTI:

	CARICHI		FIGURE			LISCI
CARTE	ASSO	3	RE	CAVALLO	FANTE	7 6 5 4 2
PUNTI	11	10	4	3	2	0

I PUNTI TOTALI DISPONIBILI SONO 120 E VINCE IL GIOCATORE O LA COPPIA CHE NE FA ALMENO 61.

PER DETERMINARE IL VINCITORE FINALE SI DEVE DECIDERE PREVENTIVAMENTE QUANTE PARTITE È NECESSARIO VINCERE (DA 1 A 5).

VEDENDO DELLE PERSONE ESPERTE GIOCARE A BRISCOLA, NOTERETE CHE FANNO DEI GESTI CON IL VISO E CON IL CORPO. SI TRATTA DI SEGNALI PER SCAMBIARSI INFORMAZIONI SU COME PROCEDERE NEL GIOCO.

COME GIOCARE A TRESETTE

IL TRESETTE È UN GIOCO TIPICAMENTE ITALIANO CHE PUÒ AVERE DA 2 A 4 GIOCATORI.

LA VERSIONE PIÙ DIFFUSA PREVEDE DUE SQUADRE DI DUE GIOCATORI IN CUI GLI ELEMENTI DELLA STESSA SQUADRA SONO UNO DI FRONTE ALL'ALTRO.

UNA VOLTA CHE IL MAZZO È STATO MISCHIATO E TAGLIATO, SI DISTRIBUISCONO 10 CARTE PER OGNI GIOCATORE, 5 ALLA VOLTA.

PER AVERE UNA VISIONE CHIARA DELLE CARTE, CONVIENE POSIZIONARLE IN ORDINE DI SEME E DALLA PIÙ PICCOLA ALLA PIÙ GRANDE.

IL GIOCATORE CHE POSSIEDE
IL 4 DI DENARI INIZIA
IL PRIMO TURNO.
SI PROSEGUIRÀ POI IN
SENSO ANTIORARIO.

LA PARTITA È FORMATA DA DIVERSI
TURNI (DETTI PASSATE) IN CUI
OGNI GIOCATORE GIOCA LA PROPRIA CARTA.

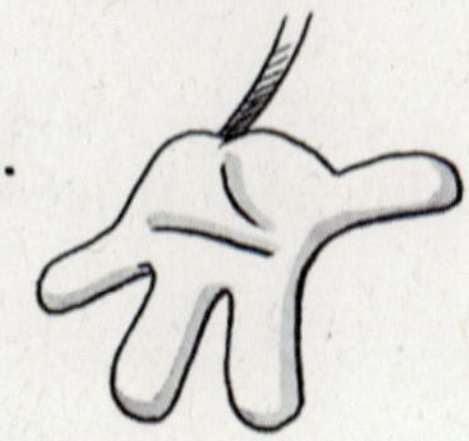

L'INSIEME DELLE CARTE GIOCATE CHE PORTANO
ALL'ESAURIMENTO DI TUTTO IL MAZZO SI CHIAMA MANO.

IL GIOCATORE DI MANO, METTE UNA CARTA SUL TAVOLO (DETTA PALO) E
TUTTI GLI ALTRI DEVONO RISPONDERE CON UNA CARTA DELLO STESSO SEME.

SE UN GIOCATORE NON HA CARTE
CON IL SEME CORRETTO, DEVE GIOCARE
UNA QUALSIASI ALTRA CARTA
(OVVIAMENTE MEGLIO SE DI POCO VALORE).

VINCE LA SQUADRA A CUI APPARTIENE IL GIOCATORE CHE HA MESSO SUL TAVOLO LA CARTA DEL VALORE PIÙ ALTO. TALE GIOCATORE DOVRÀ APRIRE IL GIOCO AL TURNO SUCCESSIVO.

VINCE LA PASSATA CHI HA LA CARTA PIÙ ALTA DEL SEME DI MANO, CON I SEGUENTI VALORI (DAL PIÙ ALTO A QUELLO PIÙ BASSO):

3, 2, ASSO, RE, CAVALLO, FANTE, 7, 6, 5, 4

ALLA FINE DI OGNI MANO, LE SQUADRE CONTANO I PUNTI REALIZZATI IN BASE AL SEGUENTE SCHEMA:

ASSO	2, 3, FANTE, CAVALLO, RE	4, 5, 6, 7
1 PUNTO	1/3 DI PUNTO	0 PUNTI

PER EVITARE DI ATTRIBUIRE PUNTEGGI NON INTERI, SI ELIMINANO LE PARTI FRAZIONALI DAL CALCOLO E SI ASSEGNA UN PUNTO AGGIUNTIVO ALLA SQUADRA CHE HA EFFETTUATO LA PRESA DELLA DECIMA E ULTIMA PASSATA. IN QUESTO MODO, IN OGNI MANO CI SONO UNDICI PUNTI IN PALIO.

ALLA FINE DI OGNI MANO, IL MAZZO PASSA AL GIOCATORE A SINISTRA DEL MAZZIERE DI TURNO.

LA PARTITA TERMINA QUANDO UNA SQUADRA HA REALIZZATO UN PUNTEGGIO CONVENUTO CHE VARIA IN BASE ALLE REGIONI.

ALL'INIZIO DELLA PARTITA VANNO DICHIARATE ALCUNE COMBINAZIONI DI CARTE CHE DANNO PIÙ PUNTI ALLA SQUADRA CHE LE REALIZZA. QUESTA PRATICA SI CHIAMA ACCUSA.

SE UN GIOCATORE HA UN TRIS DI ASSI O DI 2 O DI 3, "ACCUSA" BUONGIOCO E LA SQUADRA PRENDE 3 PUNTI.

SE UN GIOCATORE HA QUATTRO ASSI, 2 O 3, "ACCUSA" SUPERBUONGIOCO E LA SQUADRA PRENDE 4 PUNTI.

SE UN GIOCATORE HA UNA COMBINAZIONE DI ASSO, 2 E 3 DELLO STESSO SEME, "ACCUSA" NAPOLI E LA SQUADRA PRENDE 3 PUNTI.

GIULIA
VENETO
IA ROMAGNA
TOSCANA
MARCHE
UMBRIA
SARDEGNA
CALABRIA

Cultura e Costume

COME SALUTARE IN ITALIA

IN ITALIA I RAPPORTI SOCIALI SONO MOLTO SENTITI.

SALUTARSI IN MANIERA ADEGUATA È FONDAMENTALE E SPESSO DEFINISCE IL TIPO DI RAPPORTO CHE INTERCORRE TRA LE PERSONE.

LA PROSSEMICA IN ITALIA È DIVERSA DA QUELLA DI ALTRI PAESI E PREVEDE UN CONTATTO FISICO A VOLTE MOLTO STRETTO.

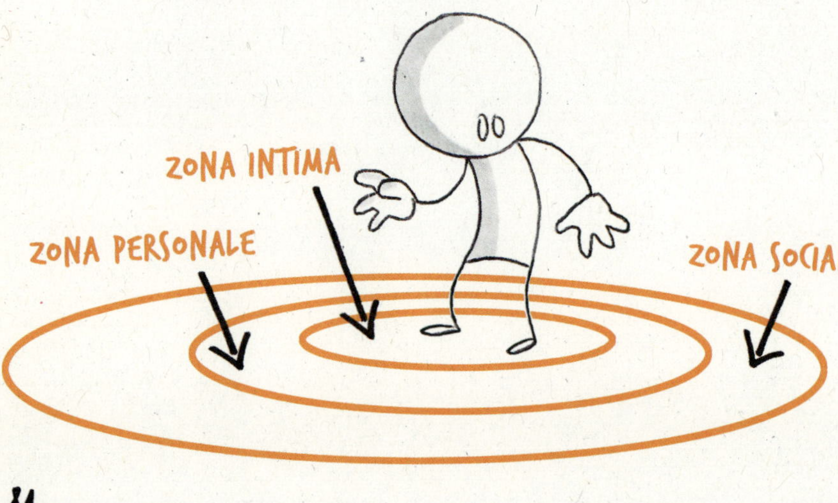

SE QUINDI UN ITALIANO SI AVVICINA
PIÙ DI QUANTO SIETE ABITUATI,
NON SPAVENTATEVI.

INOLTRE QUANDO GLI ITALIANI
SI SALUTANO E PARLANO,
GESTICOLANO MOLTO PER
ESPRIMERE IL LORO ENTUSIASMO.

SALUTI VERBALI

"CIAO" È LA PAROLA ITALIANA PIÙ FAMOSA
NEL MONDO ED È UN SALUTO GENERICO
SPESSO ACCOMPAGNATO DAL
MOVIMENTO DI UNA MANO APERTA.
UNA VERSIONE PIÙ FORMALE
È LA PAROLA "SALVE".

POSSONO ESSERE USATI SIA QUANDO CI SI INCONTRA,
SIA QUANDO CI SI CONGEDA.

DOPO IL PRIMO SALUTO, UNO DEI DUE INTERLOCUTORI SPESSO CHIEDE "COME STAI?". SI TRATTA DI UNA DOMANDA RETORICA E MEDIAMENTE SI RISPONDE "BENE, E TU?", ANCHE SE NON SEMPRE È VERO.

"ARRIVEDERCI" È UNA MANIERA PIÙ FORMALE PER CONGEDARSI ED ESPRIME UN AUGURIO DI RIVEDERSI PRESTO.

IN MANIERA MENO FORMALE SI PUÒ DIRE:
"A PRESTO"
"A DOPO"
"CI VEDIAMO"

ALCUNE FORME DI SALUTO VARIANO IN BASE ALL'ORARIO:

"BUONA GIORNATA" SI USA COME FORMA DI CONGEDO FINO ALLE 17:00 CIRCA.

"BUONA SERATA" SI USA COME FORMA DI CONGEDO DOPO LE 17:00 CIRCA.

"BUONGIORNO" SI USA FINO ALLE 13:00.

"BUON POMERIGGIO" DALLE 13 ALLE 17:00.

"BUONASERA" DALLE 17:00 IN POI.

"BUONANOTTE" QUANDO SI VA A DORMIRE.

SALUTI NON VERBALI

IL CONTATTO FISICO PIÙ FREQUENTE È LA STRETTA DI MANO, CON LA QUALE SI ESPRIMONO RISPETTO E CORDIALITÀ, MANTENENDO PERÒ UNA CERTA DISTANZA.

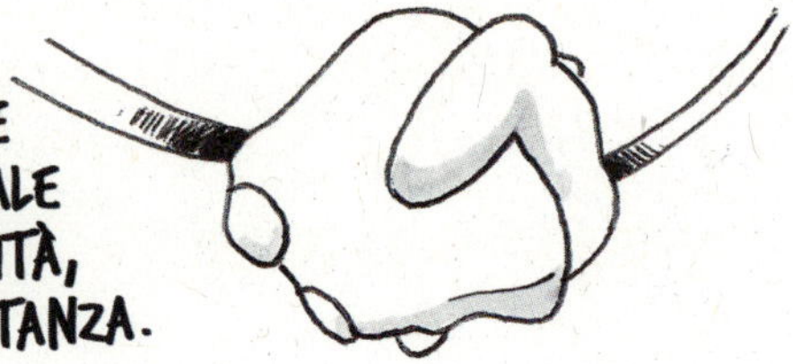

SI PUÒ TROVARE, AD ESEMPIO, IN CONTESTI LAVORATIVI O SOCIALI IN CUI LE PERSONE NON SI CONOSCONO O SI CONOSCONO POCO.

QUANDO DUE PERSONE SI CONOSCONO, SPESSO E VOLENTIERI, OLTRE ALLA STRETTA DI MANO, SI DANNO 2 "BACI" SFIORANDOSI LE GUANCE.

PRIMA CI SI SFIORA LA GUANCIA SINISTRA E POI QUELLA DESTRA. LE LABBRA SIMULANO IL GESTO E IL SUONO DI UN BACIO.

IN ALCUNE ZONE D'ITALIA SI DÀ UN SOLO BACIO, MENTRE IN ALTRE SE NE DÀ UN TERZO COME PORTAFORTUNA.

A VOLTE, QUANDO SI STRINGE LA MANO, SI PUÒ METTERE L'ALTRA MANO SULLA SPALLA DELLA PERSONA IN SEGNO DI AFFETTO E PROTEZIONE.

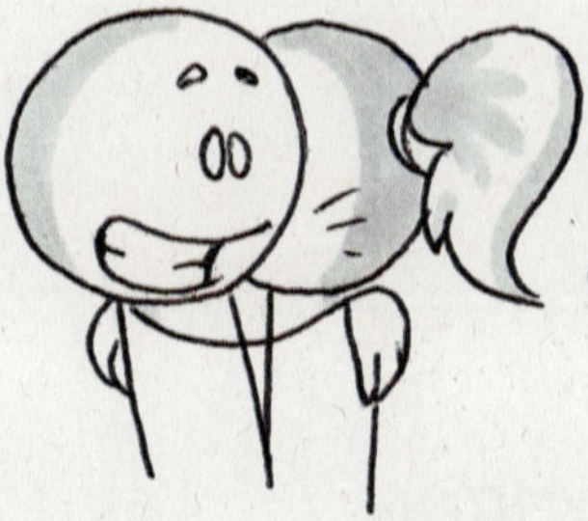

SE LE DUE PERSONE SONO MOLTO IN CONFIDENZA E NON SI VEDONO DA UN PO' DI TEMPO, SPESSO SI ABBRACCIANO.

SALUTI ATTRAVERSO ALTRI MEZZI

QUANDO SI RISPONDE AL TELEFONO LA PRIMA PAROLA DA DIRE È "PRONTO", SPESSO SEGUITA DA "CHI È" OPPURE CHI PARLA?". CHI CHIAMA NORMALMENTE SALUTA E DICE IL PROPRIO NOME PER IDENTIFICARSI.

QUANDO SI RISPONDE AL CITOFONO SI CHIEDE "CHI È?" (SENZA DIRE "PRONTO"). L'ALTRA PERSONA NORMALMENTE SALUTA E DICE IL PROPRIO NOME.

COME PARLARE CON I GESTI ITALIANI

IL LINGUAGGIO ITALIANO HA TANTISSIMI MODI NON VERBALI CHE PERMETTONO DI COMUNICARE ANCHE SENZA PARLARE.

LE MANI E LE BRACCIA DIVENTANO QUINDI UN IMPORTATE MEZZO PER COMUNICARE CON GLI ALTRI.

IN OGNI GESTO, L'ESPRESSIONE DEL VISO È FONDAMENTALE E INDICA IL SIGNIFICATO POSITIVO O NEGATIVO DEL GESTO STESSO.

ANALIZZIAMO I PRINCIPALI GESTI E IL LORO SIGNIFICATO:

TECNICA SIGNIFICATO

GESTO #01

L'INDICE È DISTESO E PUNTA VERSO SE STESSI.

"MA CHI? IO!?!"

GESTO #02

L'INDICE È DISTESO E PUNTA VERSO UN ALTRO.

"SÌ, PROPRIO TU"

GESTO #03

L'INDICE È DISTESO E PUNTA VERSO L'ALTO. LA MANO SI MUOVE CIRCOLARMENTE.

"TUTTI"

GESTO #04

LE QUATTRO DITA DELLA MANO SI CHIUDONO E VANNO A TOCCARE IL POLLICE. LA MANO E L'AVAMBRACCIO SI MUOVONO AVANTI E INDIETRO INTORNO AL GOMITO.

"COSA VUOI?"
"CHE SUCCEDE?"
"COSA STAI DICENDO?"

SI PUÒ RAFFORZARE IL SIGNIFICATO USANDO DUE MANI.

QUESTO È L'ANGOLO DI MOVIMENTO CORRETTO.

GESTO #05

LA MANO È ALL'ALTEZZA DELLA BOCCA E SI APRE E SI CHIUDE CON LE QUATTRO DITA CHE VANNO A TOCCARE IL POLLICE, COME PER SIMULARE UNA BOCCA CHE PARLA.

"DICI UN SACCO DI STUPIDAGGINI"
"MA QUANTO PARLI"

GESTO #06

LA MANO È APERTA A COPPA RIVOLTA VERSO IL BASSO E VIENE MOSSA IN MODO CIRCOLARE.

"SIETE IN AFFARI"
"VI STATE ORGANIZZANDO"
"STATE FACENDO QUALCOSA DI LOSCO INSIEME"

GESTO #07

IL DITO INDICE TOCCA LA TEMPIA CON UN MOVIMENTO AVANTI E INDIETRO.

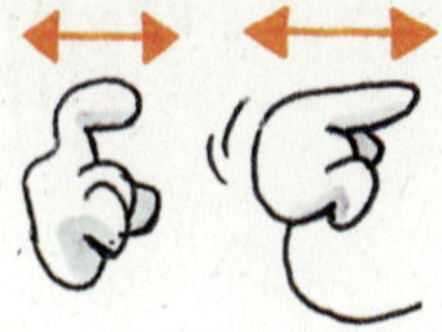

"TU SEI PROPRIO MATTO"
"VOI SIETE MATTI"

GESTO #08

IL BRACIO È DISTESO IN AVANTI CON LA MANO COMPLETAMENTE APERTA.

IL SIGNIFICATO CAMBIA IN BASE ALL'ESPRESSIONE DEL VISO.

"MA TU GUARDA CHE IDIOTA"
"GUARDA COSA HAI FATTO"

"MA TU GUARDA CHE SIMPATICO"
"GUARDA CHI SI RIVEDE"

GESTO #09

GLI INDICI DELLE DUE MANI SI UNISCONO E SI ALLONTANANO A UNA DISTANZA NON SUPERIORE AI 10 CENTIMETRI.

"SONO/ERANO MOLTO VICINI"
"SONO IN AFFARI TRA LORO"
"SI SONO MESSI INSIEME"

GESTO #10

LE DITA DELLA MANO SI APRONO E SI CHIUDONO NELLA SEQUENZA DA 1 A 3, FACENDO QUESTO MOVIMENTO PIÙ VOLTE.

"HAI PAURA VERO?"

GESTO #11

LE DITA SI CHIUDONO E LA MANO RUOTA INTORNO AL POLSO A DESTRA E A SINISTRA SULLO STESSO ASSE.

"SEI UN TONTOLONE"
"TI HO INGANNATO"
"SEI RIMASTO A MANI VUOTE"

GESTO #12

LE DUE MANI SONO APERTE.
UNA MANO COLPISCE L'ALTRA DI
TAGLIO PIÙ VOLTE AVANTI E INDIETRO.

È POSSIBILE ESEGUIRE LO STESSO GESTO
ANCHE CON UNA SOLA MANO MOSSA IN ARIA.

"ANDIAMO VIA!"
"VATTENE VIA!"
"È MEGLIO CHE USCIAMO"

IN ALTERNATIVA, LA MANO PUÒ
ESSERE TENUTA APERTA DI TAGLIO,
PERPENDICOLARE AL SUOLO,
E MOSSA DAL BASSO IN ALTO A SCATTI.

GESTO #13

LA MANO È APERTA. IL BRACCIO
FA UN MOVIMENTO SEMICIRCOLARE
DAL BASSO VERSO L'ALTO.

"DA QUANTO TEMPO"
"MA LASCIA PERDERE"

GESTO #14

IL BRACCIO È DISTESO.
INDICE E POLLICE SI CHIUDONO
IN UN CERCHIO PERFETTO MENTRE
LE ALTRE DITA RESTANO DISTESE.

"SE TI PRENDO..." (COME MINACCIA)
"MI STAI FACENDO ARRABBIARE"
"LA PROSSIMA VOLTA CHE FAI QUESTA COSA..."

È IL PIÙ COMUNE GESTO
DI RIMPROVERO DELLE MAMME
ITALIANE QUANDO PERDONO
LA PAZIENZA CON I FIGLI.

GESTO #15

LA MANO È POSIZIONATA DI TAGLIO
CON IL POLLICE RIVERSO ALL'INTERNO.
LA MANO SI MUOVE DALL'ALTO IN BASSO
TENENDO FERMO IL GOMITO E CON
UN'INCLINAZIONE DI CIRCA 40 GRADI.

"ADESSO TI PICCHIO"

SPESSO VIENE USATO SUBITO
DOPO IL GESTO #14 PER INDICARE:
"SE TI PRENDO... TI PICCHIO"

GESTO #16

MEDIO, ANULARE E POLLICE SI CHIUDONO VERSO IL PALMO DELLA MANO, MENTRE INDICE E MIGNOLO RIMANGONO DISTESI FORMANDO QUINDI DELLE "CORNA".

IL GESTO RIVOLTO VERSO L'ALTO SIGNIFICA "INFEDELTÀ", E VIENE USATO SPESSO COME INSULTO NEI CONFRONTI DI QUALCUNO DA CUI SI È SUBITO UN TORTO.

LO STESSO GESTO RIVOLTO VERSO IL BASSO, MAGARI CON DUE MANI PER AMPLIFICARNE IL SIGNIFICATO, SERVE COME SCONGIURO PER SCACCIARE VIA LA MALASORTE.

GESTO #17

UN BRACCIO È DISTESO IN AVANTI CON LA MANO A 90 GRADI. L'ALTRA MANO SI POGGIA SULL'AVAMBRACCIO CON UN ANGOLO DI 90 GRADI.

"ERA LUNGO COSÌ"

GESTO #18

LA MANO È DISTESA IN AVANTI, L'AVAMBRACCIO SI MUOVE LEGGERMENTE DALL'ALTO VERSO IL BASSO CON PERNO SUL GOMITO.

"STAI CALMO"
"RILASSATI"
"FAI CON CALMA"
"ABBASSA LA VOCE!"

FATTO CON DUE MANI NE AMPLIFICA IL SIGNIFICATO MENTRE L'ESPRESSIONE DEL VOLTO INDICA SE IL TONO È AMICHEVOLE O MENO.

GESTO #19

L'AVAMBRACCIO È LIEVEMENTE DISTESO IN AVANTI E LA MANO SI MUOVE AVANTI E INDIETRO CON PERNO SUL POLSO.

"AVVICINATI": SE LA MANO SI MUOVE DALL'ALTO VERSO IL BASSO.

"ALLONTANATI": SE LA MANO SI MUOVE DAL BASSO VERSO L'ALTO.

GESTO #20

LA MANO APERTA COLPISCE UNA O PIÙ VOLTE LA TESTA.

"MA DOVE HO LA TESTA?"
"QUANTO SONO STUPIDO!"
"COME HO FATTO A DIMENTICARMI?"

GESTO #21

UNA MANO È POSIZIONATA A CONCA INTORNO ALL'ORECCHIO.

"CHE COSA HAI DETTO?"
"NON HO SENTITO!"
"NON HO CAPITO BENE!"
"PARLA PIÙ FORTE!"

GESTO #22

LE DITA DELLA MANO SONO DISTESE, TRANNE IL POLLICE CHE È PIEGATO SUL PALMO. LA MANO È MESSA DI TRAVERSO IN BOCCA, STRETTA LEGGERMENTE TRA I DENTI.

"SE TI PRENDO COSA TI FACCIO"

SE LA MANO VIENE SOSTITUITA DA UN PUGNO, È INDICE DI UNA GRANDE ARRABBIATURA.

GESTO #23

L'INDICE E IL POLLICE CREANO UN CERCHIO E LE ALTRE DITA RIMANGONO DISTESE VERSO L'ALTO.

"VA TUTTO BENE"
"È PERFETTO"

GESTO #24

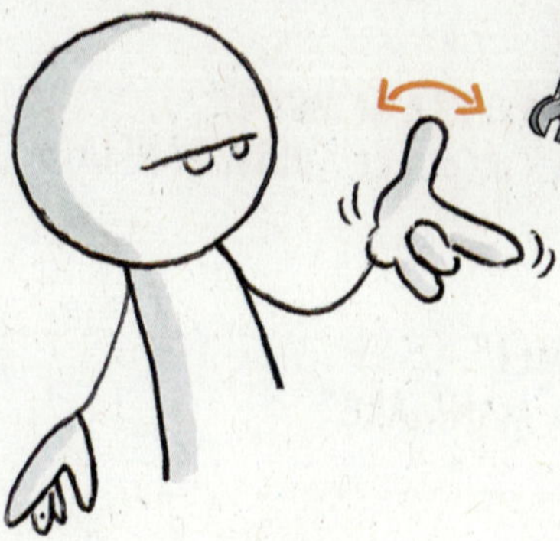

INDICE E POLLICE SONO DISTESI E LA MANO RUOTA A DESTRA E A SINISTRA.

"È TUTTO FINITO"
"NON C'È PIÙ NIENTE"

GESTO #25

LE DITA DELLA MANO SONO A 90 GRADI RISPETTO AL PALMO E SONO POSIZIONATE TRA I DENTI.

"CHE PAURA"

GESTO #26

INDICE E MEDIO SONO DISTESI E LEGGERMENTE DISTANZIATI MENTRE LE ALTRE DITA SONO CHIUSE. LA MANO È RIVOLTA VERSO IL BASSO E SIMULA UNA FORCHETTA CHE AVVOLGE GLI SPAGHETTI.

"CI FACCIAMO UN PO' DI PASTA?"
"CI FACCIAMO UN PIATTO DI SPAGHETTI?"
"ANDIAMO A MANGIARE QUALCOSA?"

GESTO #27

LA MANO APERTA SI MUOVE IN MANIERA CIRCOLARE SULLA PANCIA.

"HO FAME!"
"DEVO MANGIARE"

GESTO #28

IL DITO INDICE È POGGIATO SULLA GUANCIA E LA MANO RUOTA AVANTI E INDIETRO.

"BUONO"
"MI PIACE"

GESTO #29

LE DITA DELLA MANO SONO DISTESE VERSO IL BASSO E IL POLLICE È CHIUSO SUL PALMO. LA MANO, IN QUESTA POSIZIONE, COLPISCE PIÙ VOLTE LA BOCCA DELLO STOMACO.

"NON HO DIGERITO IL CIBO"
"MI STA ANTIPATICO" (RIVOLTO A UNA PERSONA)
"QUELLA PERSONA O QUEL CIBO È PESANTE"

GESTO #30

LE DITA DELLA MANO SONO DISTESE E ANGOLATE A 90 GRADI RISPETTO AL PALMO. LA MANO IN QUESTA POSIZIONE SI MUOVE SULLA GOLA COME A SIMULARE UNA LAMA.

"LASCIA PERDERE"
"NON AFFRONTARE L'ARGOMENTO"

SI USA, AD ESEMPIO, PER INDICARE A UNA TERZA PERSONA CHE L'ARGOMENTO CHE STA PER AFFRONTARE NON È ADEGUATO AL CONTESTO!

GESTO #31

LA MANO È APERTA E DISTESA
E SI MUOVE PARALLELAMENTE AL
TERRENO DA SINISTRA VERSO DESTRA.

"BASTA"
"È FINITA!"
"LASCIA STARE"

UNO SGUARDO PIÙ SERIO E L'AGGIUNTA DELL'ALTRO BRACCIO NE AUMENTANO IL SIGNIFICATO E LA GRAVITÀ.

GESTO #32

ANGOLO
DI FORZA

LE DITA DELLA MANO SONO
DISTESE A 90 GRADI
RISPETTO AL PALMO.
LA MANO PREME SUL MENTO
E SI MUOVE IN AVANTI
APRENDOSI LEGGERMENTE.

SCARICO
DI FORZA

"NON MI INTERESSA!"
"CHI SE NE FREGA!"

GESTO #33

L'INDICE E IL MEDIO DELLA MANO SONO DISTESI MENTRE LE ALTRE DITA SONO CHIUSE.
TUTTA LA MANO FA UN LIEVE MOVIMENTO CIRCOLARE.

"È MORTO"
"È FINITO!"
"HA FATTO UNA BRUTTA FINE!"

GESTO #34

IL DITO INDICE È L'UNICO DITO DISTESO ED È POSIZIONATO DAVANTI ALLA BOCCA.
SPESSO IL GESTO È ACCOMPAGNATO DAL SUONO "SHHHHHH".

"FAI SILENZIO"
"NON PARLARE"

GESTO #35

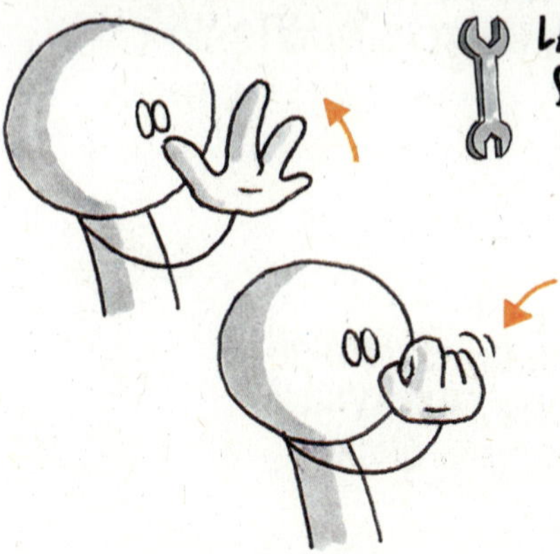

LA MANO, CON LE DITA VERSO L'ALTO, SI APRE E SI CHIUDE PIÙ VOLTE VELOCEMENTE.

"SBRIGATI"
"FAI IN FRETTA"

ESPRESSIONI TIPICHE

IN ITALIA LA FIGURA DELLA MAMMA È MOLTO IMPORTANTE E CI SONO TANTE FRASI CHE LA CITANO.

"MAMMA MIA" È UN'AFFERMAZIONE CHE INDICA DIVERSE COSE A SECONDA DELL'INTONAZIONE E DEL CONTESTO.

SI USA QUANDO ACCADE QUALCOSA DI INUSUALE, SIA DAL PUNTO DI VISTA POSITIVO CHE NEGATIVO, E NON SI HANNO ALTRE PAROLE PER DESCRIVERE QUANTO SUCCESSO.

PUÒ ESSERE UN'ESPRESSIONE DI SPAVENTO, MERAVIGLIA, SORPRESA O GIOIA.

L'ASTRONAUTA GENE CERNAN PRONUNCIÒ LA FRASE "MAMMA MIA" PER ESPRIMERE LA MERAVIGLIA CHE PROVAVA NEL VEDERE IL SUOLO LUNARE.

PER ALCUNI ASPETTI POTREBBE ESSERE L'EQUIVALENTE DELLA FRASE "OH MIO DIO!".

"BRAVO" È UNA DELLE PAROLE ITALIANE PIÙ FAMOSE ALL'ESTERO. SPESSO È ACCOMPAGNATA DA UN APPLAUSO.

SI USA PER INDICARE AMMIRAZIONE O APPROVAZIONE NEI CONFRONTI DI UN PERFORMER O DI UN'ALTRA PERSONA CHE HA SVOLTO IL SUO COMPITO IN MANIERA ECCELSA.

"PREGO" È UNA PAROLA CHE VIENE USATA IN DIVERSI CONTESTI E DERIVA DAL VERBO "PREGARE".

SI USA, AD ESEMPIO, COME RISPOSTA GENTILE A UN "GRAZIE",

OPPURE DOPO AVER FATTO QUALCOSA DI CORTESE, COME APRIRE UNA PORTA A QUALCUNO O PORGERE UNA SEDIA A TAVOLA.

VIENE USATA ANCHE IN FORMA INTERROGATIVA ("PREGO?") PER INVITARE A RIPETERE QUALCOSA CHE NON SI È CAPITO.

È USATA INOLTRE PER INCENTIVARE QUALCUNO A FARE RICHIESTE, COME QUANDO SI ENTRA IN UN NEGOZIO.

"ALLORA" SI USA SPESSO PER INIZIARE UN DISCORSO O UN'ATTIVITÀ.

"DAI" È UNA PAROLA CHE SI USA PER INCITARE UNA O PIÙ PERSONE A FARE QUALCOSA O A FARLO MEGLIO.

"MENO MALE!" È UN'ESPRESSIONE CHE ESPRIME SOLLIEVO QUANDO QUALCOSA È ANDATO BENE.

"MAGARI" È UNA PAROLA CHE INDICA UN DESIDERIO CHE SI VORREBBE VEDER REALIZZATO. SPESSO VIENE ACCOMPAGNATA DA UN'ESPRESSIONE SPERANZOSA.

"BASTA!" SI USA PER INDICARE A QUALCUNO DI SMETTERE DI FARE QUALCOSA.

"CIN CIN" È UN'ESPRESSIONE TIPICA QUANDO SI BRINDA IN COMPAGNIA.

"SALUTE" SI USA DOPO CHE QUALCUNO HA STARNUTITO.

COME VESTIRSI IN ITALIA E COSA EVITARE

LA MODA È PARTICOLARMENTE IMPORTANTE PER GLI ITALIANI. ESISTONO TANTISSIMI STILI E TENDENZE E L'ITALIANO CURA MOLTO IL PROPRIO ABBIGLIAMENTO.

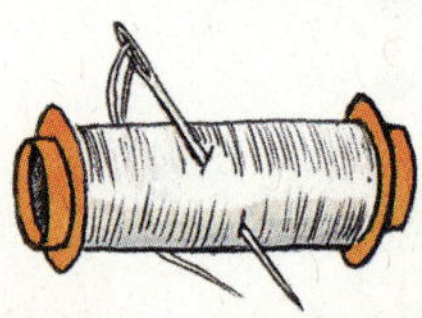

OVVIAMENTE NON TUTTI GLI ITALIANI VESTONO ALLO STESSO MODO E NON TUTTI SONO SEMPRE ALL'ULTIMA MODA. VEDIAMO PERÒ COSA EVITARE PER APPARIRE QUANTO PIÙ POSSIBILE ADEGUATI AL CONTESTO.

PRIMA DI DECIDERE COME VESTIRVI, CERCATE SU INTERNET FOTO E CATALOGHI PER AVERE UN'IDEA DI COME VESTONO GLI ALTRI. OSSERVATE LE PERSONE CHE INCONTRATE E CERCATE DI CAPIRE COSA VI PIACE E PERCHÉ.

GLI ITALIANI SONO MOLTO ATTENTI ALL'ABBINAMENTO DEI VARI CAPI DI ABBIGLIAMENTO. EVITATE QUINDI DI MISCHIARE TROPPO GLI STILI E I COLORI.

EVITATE COLORI TROPPO ACCESI E VISTOSI. NEL DUBBIO, PREFERITE COLORI NATURALI, SOBRI E DEFINITI.

EVITATE MAGLIETTE CON LOGHI TROPPO GRANDI E VISTOSI.

IL FATTO CHE LA BIANCHERIA INTIMA NON SI VEDA, NON VUOL DIRE CHE NON DEBBA ESSERE ALTRETTANTO CURATA.

LE CAMICIE A MANICHE CORTE NON SONO PARTICOLARMENTE APPREZZATE.

SCEGLIETELE CON ATTENZIONE E SOPRATTUTTO NON ABBINATECI UNA CRAVATTA O UNA GIACCA.

LA CAMICIA PUÒ ESSERE INDOSSATA SIA CON UN COMPLETO ELEGANTE CHE SUI JEANS.

NEL PRIMO CASO LA CAMICIA VA SEMPRE DENTRO I PANTALONI, NEL SECONDO PUÒ ANDARE SIA DENTRO CHE FUORI A SECONDA DELLE SITUAZIONI.

EVITATE DI INDOSSARE ABITI DI TAGLIE PIÙ GRANDI DELLA VOSTRA MA SCEGLIETELI DELLA MISURA CORRETTA.

EVITATE DI ANDARE IN GIRO CON LA PANCIA SCOPERTA.

A MENO CHE NON SIATE
IL SOSIA DI MICHAEL JACKSON
O NON SIATE IN PALESTRA,
EVITATE DI METTERE
I CALZINI BIANCHI.

SCEGLIETE CON CURA LE SCARPE
DA ABBINARE AL VOSTRO
ABBIGLIAMENTO.

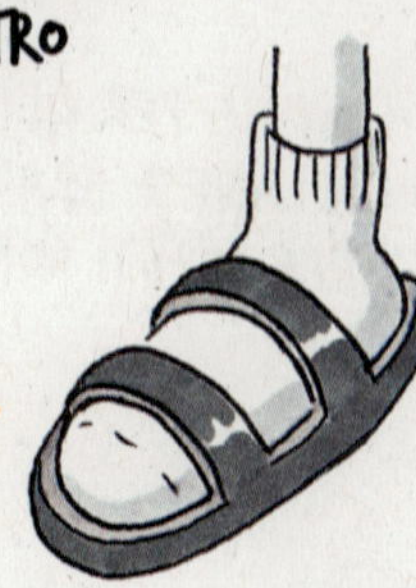

EVITATE DI INDOSSARE I CALZINI
CON I SANDALI E LE SCARPE APERTE.

SE SCEGLIETE DI VESTIRE SECONDO UNA SPECIFICA
MODA, INFORMATEVI BENE SULLO STILE.

CURATE I VOSTRI CAPELLI, LE VOSTRE
MANI E, PER LE DONNE, IL TRUCCO,
CHE DEVE ESSERE SOBRIO
E ADEGUATO AL CONTESTO.

NON ESAGERATE CON GLI ACCESSORI. SCEGLIETELI DI QUALITÀ ANCHE SE NON DEVONO ESSERE NECESSARIAMENTE COSTOSI.

ANCHE PER GLI UOMINI VANNO BENE COLLANE E BRACCIALI, CHE DEVONO PERÒ ESSERE SCELTI CON SOBRIETÀ ED ELEGANZA.

EVITATE DI INDOSSARE LA MAGLIETTA DELLA SALUTE SOTTO LA CAMICIA O, PEGGIO ANCORA, SOTTO UN'ALTRA MAGLIETTA. FARÀ UN PO' FREDDO MA NE GUADAGNERETE IN STILE.

A MENO CHE NON ABBIATE UN FISICO SCULTOREO, EVITATE DI INDOSSARE LA CANOTTIERA.

EVITATE DI INDOSSARE LE SCARPE DA GINNASTICA CON UN VESTITO ELEGANTE.

A MENO CHE NON ABBIATE IL FISICO ADEGUATO, EVITATE IL COSTUME SLIP, SOPRATTUTTO SE BIANCO.

RICORDATE CHE LO STILE NON RIGUARDA SOLO COSA SI INDOSSA, MA ANCHE COME LA SI INDOSSA.

SCEGLIETE QUINDI ABITI IN CUI VI SENTITE A VOSTRO AGIO, ADEGUATI AL VOSTRO FISICO E AL CONTESTO.

SOPRATTUTTO NON PRENDETEVI TROPPO SUL SERIO. VESTITEVI IN MODO DA PIACERE E PIACERVI.

COME FARE IL NODO ALLA CRAVATTA

PER UN ITALIANO L'ELEGANZA HA SPESSO UNA GRANDE IMPORTANZA E LA CRAVATTA NE RAPPRESENTA IL SIMBOLO PIÙ RICONOSCIBILE.

IL VERO DRAMMA PERÒ È IMPARARE A REALIZZARE CORRETTAMENTE IL NODO.

VISTO CHE L'UOMO CON LA CRAVATTA SPESSO È CONSIDERATO MOLTO ATTRAENTE, VALE LA PENA DI IMPARARE A FARE IL NODO COME SI DEVE.

PER PRIMA COSA INDOSSATE LA CAMICIA E CHIUDETE TUTTI I BOTTONI.

ALZATE IL COLLETTO DELLA CAMICIA E METTETE LA CRAVATTA A TRACOLLA. SIETE PRONTI PER INIZIARE!

VEDIAMO IL NODO PIÙ SEMPLICE DI TUTTI, DETTO APPUNTO "NODO SEMPLICE" OPPURE "NODO ALL'ITALIANA"!

PER EVITARE DI SBAGLIARE, CONVIENE ESEGUIRE LA SEQUENZA DI FRONTE ALLO SPECCHIO.

LE FESTIVITÀ IN ITALIA

IL 31 DICEMBRE – 1° GENNAIO È CAPODANNO (OVVERO IL PRIMO GIORNO DELL'ANNO) E GLI ITALIANI SI DIVERTONO ORGANIZZANDO CENE E FESTEGGIANDO CON FUOCHI D'ARTIFICIO E DANZE.

A POCHI SECONDI DALLA MEZZANOTTE SI FA IL CONTO ALLA ROVESCIA E SI STAPPA UNA BOTTIGLIA DI SPUMANTE.

IL 6 GENNAIO È IL GIORNO DELLA BEFANA! SECONDO LA TRADIZIONE SI TRATTA DI UNA DONNA MOLTO ANZIANA CHE VOLA SU UNA SCOPA.

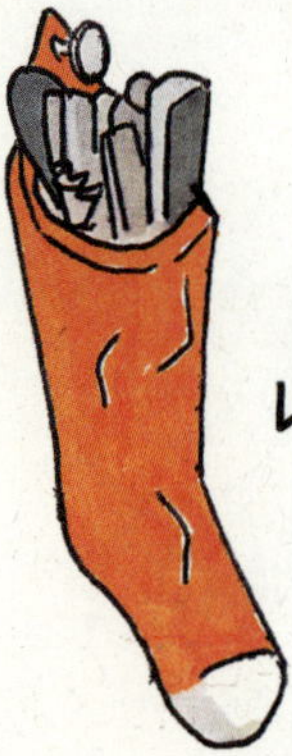

NELLA NOTTE TRA IL 5 E IL 6 GENNAIO LA BEFANA ANDREBBE IN GIRO A RIEMPIRE LE CALZE LASCIATE DAI BAMBINI.

I BAMBINI CHE DURANTE L'ANNO SI SONO COMPORTATI BENE RICEVERANNO DOLCI, CARAMELLE, FRUTTA SECCA O PICCOLI GIOCATTOLI.

QUELLI CHE INVECE SI SONO COMPORTATI MALE RICEVERANNO DEL CARBONE!

LA PASQUA CADE TRA IL 22 MARZO E IL 25 APRILE.

È LA DOMENICA SUCCESSIVA ALLA PRIMA LUNA PIENA DOPO L'EQUINOZIO DI PRIMAVERA E, CON ESSA, SI CELEBRA LA RESURREZIONE DI GESÙ.

IL REGALO TIPICO DI QUESTA FESTIVITÀ È L'UOVO DI PASQUA.

SI TRATTA DI UN UOVO DI CIOCCOLATO CONTENENTE UN REGALO A SORPRESA.

LA PASQUA HA DELLE REGOLE PRECISE, A PARTIRE DALLA COLAZIONE, CHE DI SOLITO VIENE SERVITA CON UOVA SODE E SALAME.

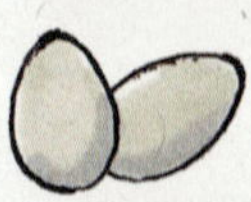

IL PRANZO È ALTRETTANTO IMPORTANTE E SPESSO SI ORGANIZZA INVITANDO AMICI E PARENTI.

PASQUETTA È IL GIORNO DOPO PASQUA.

SOLITAMENTE SI ORGANIZZA UNA SCAMPAGNATA O UN PIC-NIC CON GLI AMICI, COSA CHE GENERA SPESSO MOLTO TRAFFICO!

IL 25 APRILE SI FESTEGGIA LA LIBERAZIONE DAL NAZIFASCISMO, AVVENUTA NEL 1945.

IL 1° MAGGIO È LA FESTA DEI LAVORATORI.

IL 2 GIUGNO SI FESTEGGIA LA NASCITA DELLA REPUBBLICA ITALIANA, FONDATA NEL 1946.

IL FERRAGOSTO SI CELEBRA OGNI ANNO IL 15 AGOSTO. NORMALMENTE SI FESTEGGIA FACENDO UNA SCAMPAGNATA OPPURE, DOVE CONSENTITO, UN FALÒ SULLA SPIAGGIA CON GLI AMICI.

IL 1° NOVEMBRE, NOTO ANCHE COME OGNISSANTI, È UNA FESTA CRISTIANA IN CUI SI CELEBRANO LA GLORIA E L'ONORE DI TUTTI I SANTI.

L'8 DICEMBRE È IL GIORNO DELL'IMMACOLATA CONCEZIONE.

IL 25 DICEMBRE È NATALE, IL GIORNO DELLA NASCITÀ DI GESÙ CRISTO.

A NATALE SI REALIZZA UN ALBERO DECORATO E I CREDENTI CRISTIANI COSTRUISCONO IL PRESEPE, CHE RIPRODUCE IN MINIATURA LA NATIVITÀ DI GESÙ CRISTO.

IL 6 GENNAIO SI METTONO NEL PRESEPE LE STATUINE DEI TRE "RE MAGI".

26 DICEMBRE SI CELEBRA SANTO STEFANO, IL PRIMO DEI MARTIRI CRISTIANI.

PERSONAGGI FAMOSI

L'ITALIA È CONOSCIUTA IN TUTTO IL MONDO NON SOLO PER GLI SPLENDIDI LUOGHI DA VISITARE E PER L'ECCELLENTE CIBO, MA ANCHE PER UNA SERIE DI PERSONAGGI CHE, NEL BENE O NEL MALE, SONO DIVENTATI PARTICOLARMENTE FAMOSI.

STORIA

MARCO AURELIO
(121 D.C. – 180 D.C.)
COSTANTINO I
(272 D.C. – 337 D.C.)
FEDERICO II DI SVEVIA
(1194 – 1250)
SAN FRANCESCO
(1181 – 1226)
PAPA
BONIFACIO VIII
(1235 – 1303)
LORENZO DE' MEDICI
(1449 – 1492)
LUDOVICO SFORZA
(1452 – 1508)
LUCREZIA BORGIA
(1480 – 1519)

CATERINA DE' MEDICI
(1519 – 1589)
CARLO ALBERTO DI SAVOIA
(1798 – 1849)
GIACOMO CASANOVA
(1725 – 1798)
GIUSEPPE MAZZINI
(1805 – 1872)
GIUSEPPE GARIBALDI
(1807 – 1882)
CAMILLO BENSO
CONTE DI CAVOUR
(1810 – 1861)
VITTORIO EMANUELE II
(1820 – 1878)
VITTORIO EMANUELE III
(1869 – 1947)

PAPA GIOVANNI XXIII
(1881 – 1963)

BENITO MUSSOLINI
(1883 – 1945)

ANTONIO GRAMSCI
(1891 – 1937)

ESPLORAZIONE

MARCO POLO
(1254 – 1324)

CRISTOFORO COLOMBO
(1451 – 1506)

AMERIGO VESPUCCI
(1454 – 1512)

GIOVANNI BATTISTA BELZONI
(1778 – 1823)

LETTERATURA

SENECA
(4 A.C. – 65 D.C.)

PLINIO IL VECCHIO
(23 D.C. – 79 D.C.)

CICERONE
(106 A.C. – 43 A.C.)

DANTE ALIGHIERI
(1265 – 1321)

GIOVANNI BOCCACCIO
(1313 – 1375)

NICCOLÒ MACHIAVELLI
(1469 – 1527)

ALESSANDRO MANZONI
(1785 – 1873)

GIACOMO LEOPARDI
(1798 – 1837)
UGO FOSCOLO
(1778 – 1827)
GIOSUÈ CARDUCCI
(1835 – 1907)
GABRIELE D'ANNUNZIO
(1863 – 1938)
LUIGI PIRANDELLO
(1867 – 1936)
EUGENIO MONTALE
(1896 – 1981)
SALVATORE QUASIMODO
(1901 – 1968)
PRIMO LEVI
(1919 – 1987)

GIOTTO
(1267 - 1337)

SANDRO BOTTICELLI
(1445 - 1510)

MICHELANGELO BUONARROTI
(1475 - 1564)

TIZIANO VECELLIO
(1480 - 1576)

RAFFAELLO SANZIO
(1483 - 1520)

MICHELANGELO MERISI
DETTO IL CARAVAGGIO
(1571 – 1610)

GIANLORENZO BERNINI
(1598 – 1680)

FRANCESCO BORROMINI
(1599 – 1667)

GIORGIO DE CHIRICO
(1888 – 1978)

AMEDEO MODIGLIANI
(1884 – 1920)

SCIENZA

ARCHIMEDE
(287 A.C. – 212 A.C.)

LEONARDO FIBONACCI
(1175 – 1235)

GALILEO GALILEI
(1564 – 1642)

LEONARDO DA VINCI
(1452 – 1519)

ALESSANDRO VOLTA
(1745 – 1827)

EVANGELISTA TORRICELLI
(1608 – 1647)

LUIGI GALVANI
(1737 – 1798)

ANTONIO MEUCCI
(1808 – 1889)

ENRICO FERMI
(1901 – 1954)

GUGLIELMO MARCONI
(1874 – 1937)

RENATO DULBECCO
(1914 – 2012)

RITA LEVI-MONTALCINI
(1909 – 2012)

CINEMA E TEATRO

ETTORE PETROLINI (1884 - 1936)
RODOLFO VALENTINO (1895 - 1926)
TOTÒ (1898 - 1967)
ANNA MAGNANI (1908 - 1973)
ALBERTO SORDI (1920 - 2003)
EDUARDO DE FILIPPO (1900 - 1984)
VITTORIO GASSMAN (1922 - 2000)
CARLO RAMBALDI (1925 - 2012)
MARCELLO MASTROIANNI (1924 - 1996)

ANTONIO VIVALDI
(1678 – 1741)
NICCOLÒ PAGANINI
(1782 – 1840)
GIUSEPPE VERDI
(1813 – 1901)
GIOACCHINO ROSSINI
(1792 – 1868)
GIACOMO PUCCINI
(1858 – 1924)
ENRICO CARUSO
(1873 – 1921)
LUCIANO PAVAROTTI
(1935 – 2007)

SPORT

TAZIO NUVOLARI
(1892 – 1953)
ENZO FERRARI
(1898 – 1988)
GIUSEPPE MEAZZA
(1910 – 1979)
1934
1938
CARLO PAROLA
(1921 – 2000)
SILVIO PIOLA
(1913 – 1996)
GINO BARTALI
(1914 – 2000)
PIETRO MENNEA
(1952 – 2013)
433
PRIMO CARNERA
(1906 – 1967)
FAUSTO COPPI
(1919 – 1960)

CONCLUSIONI

FINISCE QUI QUESTO BREVE VIAGGIO NEL PAESE ITALIA.

OVVIAMENTE CI SAREBBERO TANTISSIME ALTRE COSE DA DIRE E NON BASTEREBBE UN'ENCICLOPEDIA.

OGNI SINGOLA CITTÀ RICHIEDEREBBE INFATTI UN VOLUME A PARTE PER DESCRIVERNE MONUMENTI, GIOCHI, TRADIZIONI E PIATTI LOCALI.

MA IL MIGLIOR MODO PER SCOPRIRE L'ITALIA È VISITARLA, MAGARI CON QUESTA GUIDA IN MANO.

GLI AUTORI

MAX VELLUCCI, ESPERTO DI COMUNICAZIONE E FORMAZIONE.
SI OCCUPA DI PROGETTI CREATIVI E INNOVATIVI IN DIVERSI AMBITI
ED È L'IDEATORE E IL DIRETTORE ARTISTICO DEL METODO SKECTHMAZE.

FABIO LEONARDI, FUMETTISTA, ILLUSTRATORE E GIORNALISTA.
È STATO DOCENTE PRESSO LA SCUOLA ROMANA DEI FUMETTI E HA IDEATO
E ILLUSTRATO LO STILE UNICO DEL METODO SKETCHMAZE.

WWW.SKETCHMAZE.COM

DISEGNA IL TUO SKETCHMAZE

Ai Nostri Genitori
Che Ci Hanno Sempre Sostenuto
Nelle Nostre Follie

sketchmaze
WWW.SKETCHMAZE.COM

IDEAZIONE E DIREZIONE ARTISTICA:
MAX VELLUCCI

ILLUSTRAZIONI:
FABIO LEONARDI